Investigadores de reconhecido mérito, nos mais diversos campos do pensamento filosófico, contribuem, com o seu trabalho, para transmitir ao leitor, especialista ou não, o saber que encerra a Filosofia.

TÍTULO ORIGINAL
La Phénoménologie

© Presses Universitaires de France, 1954

TRADUÇÃO
Armindo Rodrigues

REVISÃO
Luís Abel Ferreira

DESIGN DE CAPA
FBA

DEPÓSITO LEGAL N° 271784/08

IMPRESSÃO E ACABAMENTO
DPS - DIGITA L PRINTING SERVICES, LDA
para
EDIÇÕES 70, LDA.
Abril de 2017

ISBN: 978-972-44-1325-9
ISBN DA 1ª EDIÇÃO: 972-44-0278-9

Direitos reservados para todos os países de língua portuguesa
por EDIÇÕES 70

EDIÇÕES 70, LDA.
Av. Engenheiro Arantes e Oliveira, n.º 11 – 3.º C
1900-221 Lisboa / Portugal
e-mail: geral@edicoes70.pt

www.edicoes70.pt

Esta obra está protegida pela lei. Não pode ser reproduzida, no todo ou em parte, qualquer que seja o modo utilizado, incluindo fotocópia e xerocópia, sem prévia utilização do Editor. Qualquer transgressão à lei dos direitos de Autor será passível de procedimento judicial.

A Fenomenologia

A Fenomenologia

A Fenomenologia
Jean-François Lyotard

A fenomenologia

Introdução

I – «É em nós próprios que encontraremos a unidade da fenomenologia e o seu verdadeiro sentido», escreve Merleau-Ponty. Jeanson, por sua vez, acentua o «absurdo que seria reclamar uma definição objectiva da fenomenologia». E é bem verdade que o sentido de tal *movimento*, de tal *estilo*, só é determinável se se abordar a partir de dentro, fazendo sua a interrogação que encerra. Outro tanto poderia dizer-se do marxismo ou do cartesianismo. Isso significa, em última análise, que a filosofia deve ser não apenas captada como acontecimento e *do exterior*, mas reassumida como pensamento, isto é, como problema, génese, vaivém. É essa a verdadeira objectividade que Husserl procurava. Mas o testemunho da fenomenologia não vai em favor de um subjectivismo simplista, como o sugerido por Jeanson, por meio do qual o historiador, ao descrever um determinado pensamento, mais não faria, em última análise, que insinuar o seu.

II – A fenomenologia de Husserl germinou durante a crise do subjectivismo e do irracionalismo (fim do século XIX, princípios do XX). Importará situar este pensamento na sua história, como ele próprio se situou, história que é, aliás, também a nossa. Foi *contra* o psicologismo, *contra* o pragmatismo, contra uma etapa do pensamento ocidental que a fenomenologia reflectiu, buscou apoio, combateu. Começou por ser e continua sendo uma meditação acerca do conhecimento, um conhecimento do conhecimento; e o célebre *pôr entre parêntesis* consiste, em primeiro lugar, em dispensar uma cultura, uma história, em refazer todo o saber elevando-se a um não saber radical. Mas tal recusa em ser herdeiro, esse «dogmatismo», como Husserl curiosamente lhe chama, radica numa herança. Por isso, a história envolve a fenomenologia, e Husserl disso teve consciência, da primeira à última linha da sua obra. Mas há uma intenção, uma pretensão a-histórica na fenomenologia, e é por esse motivo que se iniciará a abordagem da fenomenologia pela sua história e se terminará o seu debate com a história.

III – A fenomenologia pode comparar-se ao cartesianismo e é indubitável que desta maneira se pode efectuar adequadamente uma abordagem: é uma meditação lógica que visa ultrapassar as próprias incertezas da lógica, com vista e por meio de uma linguagem ou *logos* que exclua a incerteza. O anseio cartesiano de uma *mathesis universalis* renasce em Husserl. Nesse caso é verdadeiramente filosofia, e mesmo filosofia pós-kantiana, pois pretende evitar a sistematização metafísica. É uma filosofia do século XX, que sonha com a restituição a este século da sua missão científica, fundamentando em novas exigências as condições da ciência. Sabe que o conhecimento encarna em ciência concreta ou *empírica* e pretende conhecer onde tal conhecimento científico ganha apoio. Os dados imediatos da consciência, eis o seu ponto de partida, a raiz de que se alimenta. Já Kant procurava as condições *a priori* do conhecimento: mas esse *a priori* pressupõe já a solução. A fenome-

INTRODUÇÃO

nologia nem sequer esta hipóstase aceita. Daí o seu estilo interrogativo, o seu radicalismo, o seu inacabamento essencial.

IV – Porquê *Fenomenologia?* – O termo significa estudo dos *fenómenos,* isto é, *daquilo* que aparece à consciência, *daquilo* que é *dado.* Trata-se de explorar este dado, *a própria coisa* que se percebe, em que se pensa, de que se fala, evitando forjar hipóteses, tanto sobre o laço que une o fenómeno com o ser *de que* é fenómeno, como sobre o laço que o une com o Eu *para quem* é fenómeno. Não é necessário sair do pedaço de cera para fazer uma filosofia da substância extensa, nem para fazer uma filosofia do espaço, forma *a priori* da sensibilidade: importa circunscrever-se ao próprio pedaço de cera, sem pressuposto, *descrevê-lo* apenas tal como se nos apresenta. Desenha-se deste modo no seio da meditação fenomenológica um momento *crítico,* uma *denegação da ciência* (Merleau-Ponty) que consiste na recusa em passar à explicação. Porque explicar o vermelho deste *abat-jour* consiste precisamente em pô-lo de lado enquanto é *este* vermelho ostentando neste *abat-jour,* sob cuja luz eu reflicto sobre o vermelho; consiste em apresentá-lo como vibração de frequência, de intensidade dadas, é colocar em seu lugar *alguma coisa,* o objecto para o físico, que já não é de modo algum *a própria coisa,* para mim. Há sempre um pré-reflexivo, um irreflectido, um antepredicativo, sobre que se apoia a reflexão, a ciência, e que ela escamoteia sempre, quando pretende explicar-se a si própria.

Compreendem-se agora as duas faces da fenomenologia: uma forte confiança na ciência instiga a vontade de assentar as suas bases com solidez, a fim de estabilizar todo o edifício e impedir nova crise. Mas, para realizar tal operação é preciso sair fora da ciência e mergulhar naquilo em que ela *inocentemente* mergulha. É por vontade racionalista que Husserl se empenha no ante-racional. Mas uma inflexão imperceptível pode transformar este ante-racional num anti-racional e a fenomenologia na bengala do irracionalismo. De Husserl a Heidegger há verdadeiramente herança, mas há também mutação. A nossa exposição não tentará esconder esse equívoco, que se inscreve na própria história da escola fenomenológica.

V – Será, sobretudo, no concernente às ciências humanas que a reflexão fenomenológica reterá a nossa atenção. Na pesquisa do dado imediato anterior a qualquer tematização científica, e validando-a, a fenomenologia revela o estilo fundamental, ou a essência, da consciência deste dado, que é a intencionalidade. No lugar da tradicional consciência *digerindo*, ou ao menos ingerindo, o mundo exterior (como em Condillac, por exemplo) mostra uma consciência que *irrompe para* (Sartre), uma consciência, em suma, que nada é, se não for relação ao mundo. A partir daí, os métodos objectivos, experimentais, em resumo, decalcados sobre a física, utilizados pela psicologia, sociologia, etc., não são radicalmente inadequados? Não conviria começar, ao menos, por desvendar, explicitar os diversos modos através dos quais a consciência se *tece com o mundo*? Por exemplo, antes de apreender o social como objecto, o que constitui uma decisão de carácter metafísico, torna-se sem dúvida necessário explicitar o sentido mesmo do facto *estar-em-sociedade* e, por consequência, interrogar ingenuamente este facto. Chegar-se-á, assim, à liquidação das contradições inevitáveis, derivadas da própria posição do problema sociológico: a fenomenologia tenta, não substituir as ciências do homem, mas afinar a sua problemática, seleccionando os seus resultados e reorientando a pesquisa. Esforçar-nos-emos por refazer esse percurso.

VI – Tornar-se-á necessário realçar a importância da fenomenologia? Ela é uma etapa do pensamento *europeu* e como tal se entendeu a si própria, como mostra Husserl na *Krisis*. Tentaremos determinar o seu significado histórico, se bem que tal significado não seja determinável uma vez por todas, porque existem *vários* fenomenólogos actualmente e porque o seu sentido está em curso, inacabado enquanto histórico. Há, com efeito, diferentes acentuações de Heidegger a Fink, de Merleau-Ponty a Ricoeur, de Pos ou Thévenaz a Lévinas, que justificam a prudência que sublinhámos no início. Mas subsiste um *estilo* fenomenológico comum, como justamente mostrou Jean Wahl. E não podendo aqui, excepto na oportunidade, localizar as divergências ténues ou acentuadas que separam estes filósofos, é essencialmente este estilo que procuraremos captar, depois de ter atribuído a Husserl o mérito que lhe cabe: haver começado.

PRIMEIRA PARTE

HUSSERL

EDMUND HUSSERL nasceu em 1859, em Prosnitz (Morávia), de uma família israelita. Estudos científicos em Berlim (Weierstrass) e em Viena (Brentano). Doutoramento em 1883: *Contribuição à Teoria do Cálculo das Variações*, tese de matemáticas. As primeiras publicações relacionam-se com a lógica das matemáticas e com a logística: *Filosofia da Aritmética*, publicada apenas a I Parte (1891); *As Investigações Lógicas*, I (1900) e II (1901). Em 1886, Husserl converteu-se à religião evangélica; casou-se em 1887 e exerce a função de encarregado de curso na Universidade de Halle. A partir de 1901, ensina em Gotinga, numa atmosfera de entusiasmo em que se formam os primeiros discípulos (*Ideia da Fenomenologia*, 1907). É então que publica o célebre artigo de *Logos*, «A Filosofia como Ciência de Rigor» (1911), e o primeiro tomo, o único publicado em vida, das *Ideias Directoras para Uma Fenomenologia Pura e Uma Filosofia Fenomenológica (Ideen I)* (1913). Em 1916, obtém a cátedra de Friburgo-i.-B. O seu discípulo Martin Heidegger edita os seus *Prolegómenos à Fenomenologia da Consciência Interna do Tempo* (1928). Em seguida, Husserl publica sucessivamente *Lógica Formal e Transcendental* (1928), *Les Méditations Cartésiennes* (em francês, 1931), *A Crise das Ciências Europeias e a Fenomenologia Transcendental* (*Krisis*, 1936). *Experiência e Juízo* é editada pelo seu aluno Landgrebe (1939).

Apesar da hostilidade com que o envolve o regime nazi, Husserl não se expatria. Morre em Friburgo em 1938. O R. P. Van Breda, seu aluno em Friburgo, receando o anti-semitismo hitleriano, transporta clandestinamente para Lovaina a biblioteca e os inéditos de Husserl. Os Arquivos Edmund Husserl de Lovaina fazem o espólio de trinta mil páginas de inéditos, por vezes estenografados, e continuam a publicação das obras completas, *Husserliana* (Nijhoff, Haia).

I. A Eidética

1. O cepticismo psicológico

O psicologismo, contra o qual Husserl combate, identifica sujeito do conhecimento e sujeito psicológico. Afirma que o juízo *este muro é amarelo* não é uma proposição independente de mim, que a exprimo e percebo o muro. Dir-se-á que *muro* e *amarelo* são conceitos definíveis em extensão e em compreensão, independentemente de qualquer pensamento concreto. Deverá então atribuir-se-lhe uma existência em si, transcendente ao sujeito e ao real? As *contradições* do realismo das ideias (platónico, por exemplo) são inevitáveis e insolúveis. Mas, se se admite ao menos o princípio de *contradição* como critério da validade de uma tese (aqui platónica), não se afirma a sua independência relativamente ao pensamento concreto? Transita-se assim do problema da *matéria* lógica, o conceito, ao da sua organização, os *princípios*: mas o psicologismo não desarma neste novo terreno. Quando o lógico estabelece que duas proposições contrárias não podem ser simultaneamente verdadeiras, quer apenas dizer que me é impossível de facto, ao nível do vivido da consciência, acreditar que o muro é amarelo e que é verde. A validade dos grandes princípios funda-se na minha organização psíquica e, se são indemonstráveis, é precisamente porque são inatos. De onde se segue, evidentemente, que não há afinal *verdade* independente dos processos psicológicos que conduziram até ela. Como poderia eu saber se o meu saber é adequado ao seu objecto, como exige a concepção clássica de verdadeiro? Qual o sinal dessa adequação? Necessariamente um certo *estado de consciência*, através do qual toda a questão concernente ao objecto de que possuímos saber se revele supérflua: a certeza subjectiva.

Assim, o conceito seria um vivido, o princípio uma condição contingente do mecanismo psicológico, a verdade uma crença coroada de êxito. Sendo o próprio saber científico dependente da nossa organização, nenhuma lei pode ser considerada como absolutamente verdadeira; seria uma hipótese sujeita a verificação contínua e cuja validade seria definida pela eficácia das operações (*pragma*) que possibilita. A ciência teceria assim uma rede de símbolos cómodos (energia, força, etc.) com que veste o mundo; o seu único fim consistiria, então, em estabelecer entre esses símbolos relações constantes que possibilitassem a acção. Não se trataria propriamente de um *conhecimento do mundo*. Nem se poderia afirmar um progresso de tal conhecimento no decurso da história: a história é um devir sem significação assinalável, uma acumulação de tentativas e erros. Torna-se, portanto, necessário renunciar a pôr à ciência questões para as quais não há resposta. Finalmente, a matemática é um vasto sistema formal de símbolos convencionalmente estabelecidos e de axiomas operatórios sem conteúdo limitativo: tudo aqui é possível à nossa fantasia (Poincaré). A própria verdade matemática se encontra definida de acordo com o referencial de axiomas escolhidos à partida. Todas estas teses convergem para o cepticismo.

2. As essências

Husserl mostra (*Investigações Lógicas, Ideen I*) que tal cepticismo, baseado no empirismo, se suprime ao contradizer-se. Com efeito, o postulado de base de todo o empirismo consiste na afirmação de que a experiência é a única fonte de verdade para toda a experiência; mas esta afirmação deve ela mesma ser submetida à prova da experiência. Ora, a experiência, que sempre fornece apenas o contingente e o singular, não pode trazer à ciência o princípio universal e necessário de uma afirmação deste teor. O empirismo não pode ser compreendido pelo empirismo. Por outro lado, é impossível confundir, por exemplo, o fluxo de estados subjectivos experimentados pelo matemático enquanto raciocina e o raciocínio: as operações de raciocínio são definíveis independentemente de tal fluxo. Pode-se apenas dizer que o matemático raciocina correctamente quando, por meio deste fluxo subjectivo, atinge a objectividade do raciocínio verdadeiro. Mas esta objectividade ideal define-se por condições lógicas e a verdade do raciocínio (a sua não contradição) *impõe-se* quer ao matemático, quer ao lógico. O raciocínio verdadeiro é universalmente válido, o raciocínio falso é viciado pela subjectividade, portanto intransmissível. Do mesmo modo, um triângulo rectângulo possui uma objectividade ideal, no sentido em que é o sujeito de um conjunto de predicados, inalienáveis, sob pena de *perder* o próprio triângulo rectângulo. Para evitar o equívoco da própria palavra *ideia*, dizemos que possui uma *essência*, constituída por todos os predicados cuja hipotética supressão arrastaria a supressão do próprio triângulo em pessoa. Por exemplo, todo o triângulo é por essência convexo.

Mas, se nos detivermos ao nível dos *objectos* matemáticos, o argumento formalista, que faz de tais objectos concepções convencionais, é ainda poderoso. Mostrar-se-á, por exemplo, que os pretensos caracteres *essenciais* do objecto matemático são na realidade deduzíveis a partir de axiomas. Por isso Husserl amplia, a partir do tomo II das *Investigações Lógicas*, a sua teoria da essência para a estender ao terreno favorito do empirismo, a percepção. Quando dizemos *o muro é amarelo*, implicamos essências neste juízo? E, por exemplo, a cor poderá apreender-se independente da superfície em que se encontra *espalhada*? Não, porque uma cor separada do espaço em que se nos apresenta é impensável. Porque se, ao fazer *variar* pela imaginação o objecto cor, lhe retirarmos o predicado *extensão*, suprimimos a possibilidade do próprio objecto cor, atingimos uma *consciência da impossibilidade*. Esta revela a essência. Há, pois, nos juízos, limites à nossa fantasia, que nos são fixados pelas próprias coisas sobre que se ajuíza e que a própria Fantasia desvenda, graças ao processo da *variação*.

O processo da variação imaginária dá-nos a própria essência, o ser do objecto. O objecto (*Objekt*) é um *uma coisa qualquer*, por exemplo o número *dois*, a nota *dó*, o círculo, uma proposição qualquer, um dado sensível (*Ideen I*). Faz-se *variar* arbitrariamente, obedecendo apenas à evidência actual e vivida do *eu posso* ou do *eu não posso*. A essência ou *eidos* do objecto é constituída pelo invariante, que permanece idêntico através das variações. Assim, se se opera a variação sobre o objecto coisa sensível, obtém-se como ser mesmo da coisa: conjunto espácio-temporal, dotado de qualidades segundas, dado como substância e unidade causal. Experimenta-se, pois, a essência como uma intuição vivida. Mas, a *visão das essências* (*Wesenschau*) não tem qualquer carácter metafísico. A teoria das essências não se enquadra num realismo platónico em que a existência da essência seria afirmada; a essência é apenas

A EIDÉTICA

aquilo em que *a própria coisa* se me revelou numa doação *originária*. Tratava-se na verdade, como desejava o empirismo, de voltar *às próprias coisas* (*zu den Sachen selbst*), de suprimir qualquer opção metafísica. Mas o empirismo era ainda metafísico quando confundia esta exigência de regresso às próprias coisas com a exigência de fundar todo o conhecimento na experiência, considerando como adquirido sem exame que *só* a experiência dá as próprias coisas: há aí um preconceito empirista, pragmatista. Na realidade, a fonte última de direito de qualquer afirmação racional encontra-se no *ver* (*Sehen*) em geral, isto é, na consciência doadora originária (*Ideen*). Nada admitimos como pressuposto, diz Husserl, «nem sequer o conceito de filosofia». E quando o psicologismo pretende identificar o *eidos*, obtido pela variação, com o conceito, cuja génese é psicológica e empírica, respondemos-lhe apenas que diz então mais do que sabe realmente, se pretende ater-se à intuição originária que deseja ter por lei. O número dois é, talvez, enquanto conceito, construído a partir da experiência; mas, enquanto deste número obtenho o *eidos* por variação, digo que este *eidos é anterior* a qualquer *teoria* da construção do número, e disso é prova o facto de qualquer explicação genética se apoiar sempre no saber actual do *algo* que a génese deve explicar. A interpretação empirista da formulação do número dois *pressupõe* a compreensão originária deste número. Esta compreensão é, portanto, uma condição para toda a ciência empírica. O *eidos* que nos fornece é apenas um puro possível, mas há uma anterioridade desse possível no real de que se ocupa a ciência empírica.

3. A ciência eidética

Afigura-se então possível fornecer a esta ciência a sua validade. As incertezas da ciência, sensíveis já para as ciências humanas, mas acabando por atingir as que constituíam como que o seu modelo, a física e a matemática, têm origem numa obstinada preocupação experimental. Antes de fazer física, importa estudar o que seja facto físico, sua essência; o mesmo se diga para as outras disciplinas. Da definição do *eidos* captado pela intuição originária poderão extrair-se as conclusões metodológicas que irão orientar a pesquisa empírica. É então claro que, por exemplo, nenhuma psicologia empírica séria pode empreender-se se a essência do psíquico não tiver sido apreendida, de modo a evitar qualquer espécie de confusão com a essência do físico. Por outras palavras, importa definir as leis eidéticas que orientam todo o conhecimento empírico: tal estudo constitui a ciência eidética em geral, ou ainda, a ontologia da natureza (ou seja, estudo do *esse* ou essência). Esta ontologia foi apreendida na sua verdade, como prolegómeno à ciência empírica correspondente, por altura do desenvolvimento da geometria e do papel por ela desempenhado na rectificação do conhecimento físico. Qualquer coisa natural tem efectivamente por essência ser espacial e a geometria é a eidética do espaço. Mas não abraça toda a essência da coisa e daí o desenvolvimento de outras disciplinas. Distinguiremos, então, hierarquicamente e partindo do empírico: 1) Essências materiais (a do vestuário, por exemplo) estudadas por ontologias ou ciências eidéticas materiais; 2) Essências regionais (objecto cultural) cobrindo as anteriores e explicitadas por eidéticas regionais; 3) A essência do objecto em geral, segundo a definição apresentada anteriormente, cujo estudo é feito por uma ontologia formal(¹). Esta última essência, que cobre todas as essências regionais, é uma *pura forma eidética* e a *região formal* que determina não é uma região coordenada com as regiões materiais, mas a *forma vazia de região em geral*. Esta ontologia formal é identificável com a lógica pura. É a *mathesis universalis*, ambição de Descartes e de Leibniz. É claro que tal ontologia deve definir não apenas a noção de teoria em geral, mas todas as formas de teorias possíveis (sistema de multiplicidade). Tal é o primeiro grande movimento do percurso husserliano. Apoia-se no facto, definido como *estar aí individual e contingente*; a contingência do facto reenvia para a essência necessária, porque pensar a contingência é pensar que é próprio da essência desse facto poder ser diferente do que é. A facticidade implica, pois, uma necessidade. Tal percurso recupera aparentemente o platonismo e a sua *inocência*. Mas contém também o cartesianismo, pois se esforça por fazer do conhecimento das essências não o fim de todo o conhecimento, mas a introdução necessária ao conhecimento do mundo material. Neste sentido, a verdade da eidética está no empírico e é por isso que esta *redução eidética*, por meio da qual somos convidados a passar da facticidade contingente do objecto ao seu conteúdo inteligível, pode ainda considerar-se *mundana*. A cada ciência empírica corresponde uma ciência eidética respeitante ao *eidos* regional dos objectos por ela estudados, e a própria fenomenologia é, nesta etapa do pensamento husserliano, definida como ciência eidética da região consciência. Por outras palavras, em todas as ciências empíricas do homem (*Geites-wissenchaften*) se encontra necessariamente implicada uma essência da consciência. É essa implicação que Husserl tenta articular em *Ideen II*.

(¹) A hierarquia é evidentemente em rede e não unilinear.

II. O Transcendental

1. A problemática do sujeito

A fenomenologia assumia assim o sentido de uma propedêutica às *ciências do espírito*. Mas, a partir do segundo tomo das *Investigações Lógicas*, desenha-se um salto que nos vai fazer entrar na filosofia propriamente dita. A *problemática da correlação*, isto é, o conjunto dos problemas suscitados pela relação do pensamento ao seu objecto, uma vez aprofundada, deixa emergir a questão que constitui o seu núcleo: a subjectividade. É provavelmente aqui que se faz sentir a influência de Brentano sobre Husserl (que fora seu aluno). A observação-chave da psicologia brentaniana era que a consciência é sempre *consciência de alguma coisa*, ou seja, que a consciência é intencionalidade. Transpondo este tema para o nível da eidética, isso significa que todo o objecto em geral, o próprio *eidos*, coisa, conceito, etc., é objecto *para uma* consciência, de tal modo que importa descrever neste momento o modo como eu conheço o objecto e como o objecto é para mim. Quer isto dizer que regressamos ao psicologismo? Houve quem tal pensasse. Mas não é nada disso.

A preocupação de fundar radicalmente o saber conduzira Husserl à eidética formal, isto é, a uma espécie de logicismo. Mas, a partir do sistema das essências, duas orientações se abriram: ou desenvolver a ciência lógica em *mathesis universalis*, ou seja, constituir *do lado do objecto* uma ciência das ciências; ou, ao contrário, passar à análise do sentido *para o sujeito* dos conceitos lógicos utilizados por esta ciência, do sentido das relações que estabelece entre estes conceitos, do sentido das verdades que pretende estabilizar, ou seja, em resumo, pôr em questão o próprio conhecimento, não para construir uma *teoria* a seu respeito, mas para fundar mais radicalmente o saber eidético radical. Ao tomar consciência de que já na simples doação do objecto estava implícita uma correlação do Eu e do objecto que devia remeter para a análise do Eu, Husserl escolhe a segunda orientação. A radicalidade do *eidos* pressupõe uma radicalidade mais fundamental. Porquê? Porque o próprio objecto lógico pode ser-me dado confusa ou obscuramente, pois posso ter *uma simples representação*, vazia, formal, operatória de tais leis, de tais relações lógicas. Na sexta *Investigação Lógica*, mostra Husserl que a intuição lógica (ou categorial) só consegue escapar a esta compreensão puramente simbólica quando se *funda* na intuição sensível. Trata-se de um regresso à tese kantiana de que o conceito sem intuição é vazio? Os neo-kantianos assim pensaram.

Assinalámos dois movimentos entrecruzados no segundo tomo das *Investigações Lógicas*: um, parece reconduzir-nos ao psicologismo, ao introduzir a análise do vivido como fundamento de todo o conhecimento; o outro, ao projectar sobre o fundo da intuição da coisa sensível a compreensão evidente do objecto ideal, parece reduzir a fenomenologia às posições do kantismo. Aliás, entre as duas vias acima definidas, Husserl empenha-se na segunda e parece passar do *realismo* das essências ao idealismo do sujeito: «A análise do valor dos princípios lógicos conduz a pesquisas centradas no sujeito» (*Lógica Formal e Lógica Transcendental*, 203). Parece então que nesta fase tenhamos de escolher entre um idealismo centrado no Eu empírico e um idealismo transcendental à maneira kantiana. Mas, nem um nem outro podiam satisfazer Husserl. O primeiro, porque torna incompreensíveis proposições verdadeiras, reduzidas pelo psicologismo a estados de consciência não privilegiados, e porque no mesmo fluxo desta consciência vaza, conjuntamente, o que é válido e o que não é válido, destruindo assim a ciência e destruindo-se a si mesmo enquanto teoria universal. O segundo, porque explica apenas as condições *a priori* do conhecimento puro (matemática ou física puras), mas não as condições reais do conhecimento concreto: a *subjectividade* transcendental kantiana é simplesmente o conjunto das condições que regulam o conhecimento de *todo o objecto possível em geral*; o Eu concreto é relegado para o nível do sensível como objecto (e é por isso que Husserl acusa Kant de psicologismo); e fica sem resposta a questão de saber como é que a experiência real entra efectivamente no quadro apriórico de todo o conhecimento possível para permitir a elaboração das leis científicas particulares, pelo mesmo motivo que, na *Crítica da Razão Prática*, a integração da experiência moral real nas condições *a priori* da moralidade pura é impossível, como admite o próprio Kant. Husserl retém o princípio de uma verdade fundada no sujeito do conhecimento, mas rejeita a disjunção deste e do sujeito concreto. É neste passo que encontra Descartes.

2. *A redução*

É na *Ideia da Fenomenologia* (1907) que surge a inspiração cartesiana. Essa inspiração desequilibrará as *Ideen I*, bem como, mas em menor grau, as *Meditações Cartesianas*.

O sujeito cartesiano, obtido pelas operações da dúvida e do *cogito*, é um sujeito concreto, vivido, não um quadro abstracto. Mas este sujeito é, simultaneamente, um absoluto, tal é o sentido das duas primeiras meditações: basta-se a si mesmo, de nada necessita para fundar o seu ser. A percepção que este sujeito tem de si mesmo «é e permanece, enquanto dura, um absoluto, um «este», algo que é, em si, o que é, algo com que eu posso medir, como medida última, o que «ser» e «ser dado» pode e deve significar» (*Id. Fen.*). A intuição do vivido por si mesmo constitui o modelo de toda a evidência originária. E nas *Ideen I*, Husserl vai refazer o percurso cartesiano, a partir do mundo percebido ou mundo natural. Não há motivo para estupefacção neste *deslizar* do plano lógico ao plano natural: um e outro são *mundanos* e o objecto em geral é tanto coisa como conceito. Para falar com propriedade, não se trata verdadeiramente de um deslizar, mas de uma acentuação. Ora, é indispensável compreender verdadeiramente que a redução tem, em geral, por objecto *toda a transcendência* (isto é, todo o em si).

A atitude natural contém uma tese ou posição implícita, pela qual eu *encontro aí* o mundo e o aceito como existente. «As coisas corporais estão simplesmente aí para mim com uma distribuição espacial qualquer; estão «presentes» no sentido literal ou figurado, quer eu lhe conceda ou não uma atenção particular... Também os seres animados, como os homens, estão aí para mim de maneira imediata... Para mim, os objectos reais estão aí dotados de determinação, mais ou menos conhecidos, aderindo fortemente aos objectos efectivamente percebidos, sem serem eles mesmos percebidos, nem sequer de modo intuitivo... Mas o conjunto dos objectos co-presentes à intuição de maneira clara ou obscura, distinta ou confusa, e cobrindo constantemente o campo actual da percepção, nem sequer esgota o mundo que para mim está «aí» de modo consciente em cada um dos momentos em que estou desperto. Pelo contrário, estende-se sem limite, segundo uma ordem fixa de seres, em certo sentido atravessado, em certo sentido rodeado por um «horizonte obscuramente consciente de realidade indeterminada»... Tal horizonte brumoso, definitivamente incapaz de total determinação, está necessariamente aí... O mundo... com um horizonte temporal infinito nos dois sentidos, um passado e um futuro, conhecidos e desconhecidos, imediatamente vivos e privados de vida. (Enfim, esse mundo não é apenas) mundo de coisas, mas, com o mesmo carácter imediato, mundo de valores, mundo de bens, mundo prático» (*Ideen*, 48-50). Mas esse mundo compreende também um ambiente ideal: se presentemente me ocupar de aritmética, esse mundo aritmético está aí para mim diferente da realidade natural, pelo facto de que está para mim apenas enquanto assumo a atitude de aritmético, ao passo que a realidade natural já está sempre aí. Enfim, o mundo natural é também o mundo da intersubjectividade.

A tese natural, implicitamente contida na atitude natural, é o meio pelo qual «descubro [a realidade] como existente e a acolho, como se me apresenta, igualmente como existente» (*Ideen*, 52-53). Posso, com certeza, duvidar dos dados do mundo natural, recusar as *informações* que dele recebo, distinguir, por exemplo, o que é «real» do que é «ilusão», etc., mas semelhante dúvida «nada muda na posição geral da atitude natural» (ibid.). Proporciona o acesso a uma mais *adequada* captação do mundo como existente, e mais *rigorosa* do que a fornecida pela percepção imediata, e fundamenta a ultrapassagem do perceber pelo saber científico. Mantém-se, no entanto, neste saber a tese intrínseca à atitude natural, pois não há ciência que não admita a existência do mundo real, do qual é ciência.

Esta alusão às duas primeiras meditações de Descartes mostra que, mal o radicalismo cartesiano surgiu, logo Husserl descobre a sua insuficiência: a dúvida cartesiana respeitante à coisa natural (pedaço de cera) é em si mesma uma atitude mundana, não passa de uma *modificação* desta atitude, não respondendo, portanto, à exigência profunda de radicalidade. Disso será apresentada prova nas *Meditações Cartesianas*, onde Husserl denuncia o preconceito geométrico pelo qual Descartes assimila o *cogito* a um axioma do saber em geral, quando o *cogito* deve ser muito mais, pois é o fundamento dos próprios axiomas. Tal preconceito geométrico mostra a insuficiência da dúvida como forma de radicalização. Convém, então, opor à dúvida uma atitude por meio da qual «não tome posição em relação ao mundo como existente», seja essa atitude de afirmação natural de existência seja de duvidar cartesiano, etc. Enquanto sujeito empírico e concreto, continuo, bem entendido, a participar de facto na posição natural do mundo, «tal tese é ainda algo vivido», mas não faço dela «qualquer uso». Está suspensa, posta fora de jogo, fora de circuito, entre parêntesis. E por esta *redução* (*epochê*) o mundo circundante não é mais simplesmente existente, mas *fenómeno de existência*. (*Med. Cart.*)

3. O Eu puro

Qual o resultado desta operação redutora? Na medida em que o Eu concreto se encontra imbricado com o mundo natural, é evidente que ele próprio é reduzido; ou seja, devo abster-me de qualquer tese relativa ao Eu como existente. Mas não é menos evidente que existe um *Eu*, que justamente se abstém, e que é o *Eu* mesmo da redução. Este Eu denomina-se *Eu* puro; a *epoché* é o método universal por meio do qual me apreendo como Eu puro. Este Eu puro tem um conteúdo? Não, no sentido em que não é um continente; sim, no sentido em que este Eu é o objectivo de algo. E não será necessário fazer incidir a redução sobre este conteúdo? Antes de responder a esta questão, convém verificar que à primeira vista a redução dissocia plenamente, por um lado, o mundo como totalidade das coisas e, por outro, a consciência sujeito da redução. Procedamos à análise eidética da região coisa e da região consciência.

A coisa natural, por exemplo, aquela árvore acolá, é-me dada num e por um fluxo incessante de esboços, de silhuetas (*Abschattungen*). Tais perfis, através dos quais a coisa se desenha, são vivências relacionadas com a coisa por seu sentido de apreensão. A coisa é como um *mesmo* que me é dado através de incessantes modificações. O que faz com que seja coisa para mim (isto é, em si para mim) é precisamente a inadequação necessária da minha apreensão desta coisa. A ideia de inadequação é equívoca: enquanto a coisa se desenha através das silhuetas sucessivas, só unilateralmente tenho acesso à coisa, por uma das suas faces; mas são-me *dadas* as demais faces da coisa, não *em pessoa*, mas sugeridas pela face dada sensorialmente. Por outras palavras, a coisa, tal como me é dada pela percepção, está sempre aberta a horizontes de indeterminação, «indica de antemão uma variedade de percepções, cujas fases, passando continuadamente de uma a outra, se fundem na unidade de uma percepção» (*Ideen*, 80). É por isso que jamais a coisa me pode ser dada como um *absoluto*, pois encerra «uma imperfeição indefinida concernente à essência inextinguível da correlação entre coisa e percepção de coisa» (ibid.). No decurso da percepção, são retocados os sucessivos esboços, e pode um novo perfil vir corrigir o perfil precedente, sem haver qualquer contradição, uma vez que o fluxo de todas estas silhuetas se funde na unidade de uma percepção. Assim, acontece que a coisa emerge através de retoques sem fim. Ao contrário, o próprio vivido é dado a si mesmo numa *percepção imanente*. A consciência de si fornece o vivido em si mesmo, isto é, tomado como absoluto. Tal não significa que o vivido seja sempre captado adequadamente na sua plena unidade: enquanto fluxo, está já sempre longe, já passou, quando pretendo captá-lo. Por isso, é apenas como vivido *retido*, como retenção, que posso captá-lo. E é por isso ainda que «o fluxo total do meu vivido é uma unidade de vivência que por princípio é impossível de captar pela percepção, se nos deixamos por completo «deslizar com» ela» (*Ideen*, 82). A dificuldade particular, que é simultaneamente uma problemática essencial da consciência, prolonga-se no estudo da consciência do tempo interior ([2]); mas, ainda que não haja adequação imediata da consciência a si mesma, fica de pé que *todo o vivido encerra em si mesmo a possibilidade de princípio da sua existência*. «O fluxo do vivido, que é o meu fluxo, o do sujeito pensante, pode ser não apreendido tão amplamente quanto se pretenda, desconhecido quanto às partes já decorridas e que estão para vir; basta que lance o meti olhar sobre a vida que passa na sua presença real e que neste acto me apreenda a mim próprio como o sujeito puro desta vida, para poder dizer sem restrição e necessariamente: «eu sou», esta vida é, eu vivo: «*cogito*»» (*Ideen*, 85).

Por consequência, o primeiro resultado da redução consistia em obrigar-nos a dissociar nitidamente o mundano ou natural em geral e um sujeito não mundano; mas continuando a descrição, conseguimos hierarquizar de algum modo estas duas regiões do ser em geral: concluímos

---

[2] Ver mais adiante, pp. 113 sq.

com efeito pela *contingência* da coisa (tomada como modelo do mundano) e pela *necessidade* do Eu puro, resíduo da redução. A coisa e o mundo em geral não são apodícticos (*Med. Cart.*), não excluem a possibilidade de se duvidar deles, portanto, não excluem a possibilidade da sua não existência; todo o conjunto das experiências (no sentido kantiano) pode revelar-se simples aparência e não passar de um sonho coerente. Neste sentido, a redução *é já por si mesma*, na qualidade de expressão da liberdade do Eu puro, a revelação do carácter contingente do mundo. Ao contrário, o sujeito da redução ou Eu puro é evidente a si mesmo de uma evidência apodíctica, o que significa que o fluxo de vivências que o constitui, enquanto se aparece a si mesmo, não pode ser posto em questão, nem na sua essência, nem na sua existência. Esta apodicticidade não implica uma adequação; a certeza de ser do Eu não garante a certeza do conhecimento do Eu; mas é suficiente para opor a percepção transcendente da coisa e do mundo em geral e a percepção imanente: «A posição do mundo, que é uma posição «contingente», opõe-se à posição do meu Eu puro e do meu vivido egológico, que é uma posição «necessária»» e absolutamente indubitável. Qualquer coisa dada «em pessoa» pode igualmente não ser, nenhuma vivência dada «em pessoa» pode não ser» (*Ideen*, 86). Esta lei é uma lei de essência.

Perguntávamo-nos: a redução fenomenológica deve incidir sobre o conteúdo do Eu puro? Compreendemos agora que tal questão supõe um contra-senso radical, precisamente o que Husserl imputa a Descartes: consiste em admitir o sujeito como coisa (*res cogitans*). O Eu puro não é uma coisa, *pois não se dá a si próprio como a coisa lhe é dada*. Não *coabita pacificamente* com o mundo, tão-pouco precisa do mundo para ser; porque, imaginemos que o mundo fosse aniquilado (reconhecer-se-á de passagem a

A FENOMENOLOGIA

técnica das variações imaginárias para fixar a essência), *o ser da consciência seria com certeza necessariamente modificado...*, *mas não seria atingido na sua essência.* Com efeito, um mundo aniquilado significaria, para a consciência que visa este mundo, o desaparecimento de certas conexões empíricas ordenadas no fluxo das suas vivências, desaparecimento que implicaria o de certas conexões racionais determinadas pelas primeiras. Mas semelhante aniquilamento não implica a exclusão de outras vivências e de outras conexões entre as vivências. Por outras palavras, «nenhum ser é necessário para o ser da própria consciência. O ser imanente é, pois, indubitavelmente um ser absoluto, dado que «*nulla 'res' indiget ad existendum*». Por outro lado, o mundo das «res» transcendentes refere-se inteiramente a uma consciência, de modo nenhum a uma consciência concebida logicamente, mas a uma consciência actual» (ibid., 92).

A *epoché* tem, deste modo, uma dupla significação, na fase das *Ideen I*: por um lado, negativa, por isolar a consciência como resíduo fenomenológico, sendo também a este nível que se opera a análise eidética (isto é, ainda natural) da consciência; por outro lado, positiva, porque faz emergir a consciência como radicalidade absoluta. Com a redução fenomenológica, realiza-se numa nova etapa o programa husserliano de um fundamento indubitável e originário: da radicalidade eidética faz-nos descer a uma radicalidade transcendente, ou seja, a uma radicalidade que fundamenta toda a transcendência. (Recordemos que se deve entender por transcendência o modo de apresentação do objecto em geral.) Perguntávamos como pode ser possível uma verdade matemática ou científica. Contra o cepticismo, vimos que só é possível pela posição da essência do que é pensado; tal posição de essência nada mais fazia intervir do que um *ver* (*Schau*) e a essência captada numa doação originária. Em seguida, ao meditar nesta mesma doação, e mais precisamente na doação originária das coisas (percepção), descobrimos, aquém da atitude pela qual estamos ao dispor das coisas, uma consciência cuja essência é heterogénea a tudo aquilo de que é consciência, a toda a transcendência, por meio da qual é posto o sentido mesmo de transcendente. É essa a verdadeira significação do pôr entre parêntesis: refere o olhar da consciência sobre si mesma, transforma a direcção desse olhar e levanta, ao suspender o mundo, o véu que ocultava ao Eu a sua própria verdade. Essa suspensão revela que o Eu continua sendo o que é, isto é, *entrelaçado* com o mundo, e que o seu conteúdo concreto é efectivamente o fluxo das *Abschattungen*, por meio das quais a coisa se desenha. «O conteúdo concreto da vida subjectiva não acaba com a passagem à dimensão filosófica, antes se revela então na sua verdadeira autenticidade. A posição do mundo foi «posta fora de acção», não aniquilada; permanece viva, embora sob um forma «modificada», que permite à consciência a plena consciência de si mesma. A *epoché* não é uma operação lógica exigida pelas condições de um problema teórico, mas o processo que confere acesso a um novo modo da «existência»: a existência transcendental como existência absoluta. Tal significação só pode realizar-se num acto de liberdade» ([3]).

4. *Eu puro, Eu psicológico, sujeito kantiano*

Não se trata de um regresso ao subjectivismo psicologista, porque o Eu revelado pela redução não é precisamente o Eu natural psicológico ou psicofísico. Não se trata igual-

---

([3]) Tran-Duc-Thao, *Phénoménologie et matérialisme dialectique*, pp. 73--74. Nunca será demais aconselhar a leitura desta obra notável.

mente de uma centração numa posição kantiana, pois o Eu transcendental não é «uma consciência concebida logicamente, mas uma consciência actual».

1) Não se pode confundir Eu transcendental e Eu psicológico, tema em que insistem fortemente as *Meditações Cartesianas*. Sem dúvida, diz Husserl, «eu, que permaneço na atitude natural, sou «também» e em cada momento eu transcendental. Mas [acrescenta] só me dou conta disso ao efectuar a redução fenomenológica». O Eu empírico está *interessado no mundo* e nele vive completamente à vontade. Com base neste Eu, a atitude fenomenológica constitui um *desdobramento do Eu*, por meio do qual se estabelece o espectador desinteressado, o Eu fenomenológico. É este Eu do espectador desinteressado que a reflexão fenomenológica examina, sustida, também ela, por uma atitude desinteressada do espectador. Torna-se, então, necessário admitir simultaneamente que o Eu em questão é o Eu concreto, pois não há, de facto, qualquer diferença de conteúdo entre psicologia e fenomenologia, e que não é o Eu concreto, pois é separado do seu ser no mundo. A psicologia intencional e a fenomenologia transcendental partirão ambas do *cogito*, mas a primeira deter-se-á no nível mudano, enquanto a segunda abarca o mundo na totalidade, incluso o Eu psicológico.

2) Encontramo-nos, então, perante o sujeito transcendental kantiano? Assim o sugerem muitas passagens, tanto das *Ideen I* como das *Meditações Cartesianas*. E não é por acaso que o criticista Natorp[4] se declarava de acordo com as *Ideen I*. Tais sugestões provêm sobretudo do facto de Husserl insistir no ser absoluto da consciência, para evitar se acreditasse não passar este Eu de uma região da natureza (postulado da psicologia). Mostra, pelo contrá-

---

[4] «Husserls Ideen zu einer reinen Phänomenologie», *Logos*, VII, 1917-18.

rio, que a natureza só é possível por meio do Eu: «A natureza só é possível a título de unidade intencional, motivada na consciência por meio de conexões imanentes... O domínio das vivências enquanto essência absoluta... é por essência independente de qualquer ser pertencente ao mundo, à natureza, e nem sequer o requer para a sua existência. A existência de uma natureza não pode condicionar a existência da consciência, pois que uma natureza se revela a si mesma como correlato da consciência» (*Ideen*, 95-6). Os criticistas (Natorp, Rickert, Kreis, Zocher) apoiam--se nesta filosofia transcendental; mostram que, para Husserl como para Kant, a objectividade se relaciona com o conjunto das condições *a priori* e que o grande problema fenomenológico é precisamente o da *Crítica:* como é possível um *dado?* Quanto ao aspecto intuicionista, sobretudo quanto à pura apreensão do vivido por si mesmo na percepção imanente, não resta a Kreis qualquer dúvida de que brota de um preconceito empirista: com efeito, como seria possível que um sujeito que não é mais que o conjunto das condições *a priori* de toda a objectividade possível fosse *também* um fluxo empírico de vivências, apto a apreender a sua indubitabilidade radical numa presença originária a si? Escrevia Kant: «Fora da significação lógica do Eu, não temos qualquer conhecimento do sujeito em si, que está na base do Eu como de todos os pensamentos, na qualidade de substrato». O princípio de imanência husserliano resulta de uma psicologia empirista, é incompatível com a constituição da objectividade. Ressalvada esta reserva, Husserl seria um kantiano bastante aceitável.

Num artigo célebre ([5]), E. Finck, na altura assistente de Husserl, responde a tais comentários de maneira a esclare-

---

([5]) «Die Phänomenologisch Philosophie E. Husserls in der gegenwärtigen Kritik», *Kantstudien*, XXXVIII, 1933. Subscrito por Husserl.

cer o nosso problema: para falar com propriedade, a fenomenologia não se põe o problema criticista; põe-se antes o problema da *origem do mundo*, o mesmo que se punham as religiões e as metafísicas. Tal problema foi sem dúvida eliminado pelo criticismo, porque era sempre posto e resolvido em termos apóricos. O criticismo substituiu-o pelo problema das condições de possibilidade do mundo para mim. Mas tais condições são elas próprias mundanas, e toda a análise kantiana se limita apenas ao nível eidético. Por isso, é claro que o criticismo comete um erro de interpretação acerca da fenomenologia. Tal erro é particularmente manifesto no que diz respeito à questão da imanência e da *fusão* do sujeito transcendental com o sujeito concreto. Na realidade, não há fusão, mas, ao invés, desdobramento. Porque o que é dado anteriormente a qualquer construção conceptual é a unidade do sujeito; e o que se torna incompreensível no criticismo em geral reside no facto de o sistema das condições *a priori* de objectividade ser um sujeito, o sujeito transcendental. Na realidade é o próprio sujeito perceptivo que constrói o mundo, mundo em que, no entanto, está por meio da percepção. Quando o exploramos na perspectiva do seu entrelaçamento com o mundo, para o distinguir desse mundo utilizamos o critério da imanência; mas a situação paradoxal provém do facto de o próprio conteúdo dessa imanência mais não ser que o mundo enquanto visado, intencional, fenómeno, quando o mundo é posto como existência real e transcendente pelo Eu. A redução resultante de semelhante paradoxo, permite-nos precisamente apreender como existe para nós o em si, ou seja, de que modo a transcendência do objecto pode ter o sentido de transcendência na imanência do sujeito. A redução restitui ao sujeito a sua verdade de constituinte das transcendências, implícita na atitude alienada que é a atitude natural.

5. A intencionalidade

Se o objecto pode ter o sentido de transcendência no próprio seio da imanência do Eu é, em suma, porque não existe verdadeiramente imanência à consciência. A distinção entre os dados imanentes e os dados transcendentes, na qual Husserl funda a primeira separação da consciência e do mundo, é ainda uma distinção mundana. Na realidade, a *epoché* husserliana revela uma dimensão essencial da consciência, a partir da qual se aclara o paradoxo que há pouco acentuávamos. Com efeito, a intencionalidade não é apenas esse dado psicológico que Husserl herdou de Brentano, mas ainda aquilo que possibilita a própria *epoché*: perceber este cachimbo em cima da mesa, de modo nenhum ter uma reprodução em miniatura deste cachimbo *no* espírito, mas *visar* o próprio objecto cachimbo. Ao pôr fora de circuito a *doxa* natural (posição espontânea da existência do objecto), a redução revela o objecto enquanto visado, ou fenómeno; o cachimbo não é, então, mais que um face-a-face (*Gegen-stand*), e a minha consciência aquilo para quem há esses face-a-face. A minha consciência não pode ser pensada, se imaginariamente lhe retirarmos aquilo de que é consciência; e nem se pode sequer dizer que seria, nesse caso, consciência de nada, porque este nada seria automaticamente o fenómeno de que seria consciência. A variação imaginária operada na consciência mostra-nos claramente a sua verdadeira essência, que é ser consciência de alguma coisa. É porque a consciência é intencionalidade que é possível efectuar a redução sem perder o que é reduzido: reduzir é, no fundo, transformar todo o dado em face-a-face, em fenómeno, e revelar assim os caracteres essenciais do Eu: fundamento radical ou absoluto, fonte de toda a significação ou potência constituinte, nexo de intencionalidade com o objecto. A intencionalidade não tem, bem entendido, apenas um carácter perceptivo. Husserl distingue diversos tipos de actos intencionais: imaginações, representações, experiências alheias, intuições sensíveis e categoriais, actos da receptividade e da espontaneidade, etc.; em resumo, todos os conteúdos da enumeração cartesiana: «Quem sou eu, eu, que penso? Uma coisa que duvida, que ouve, que concebe, que afirma, que nega, que quer, que não quer, que imagina também e que sente». Por outro lado, Husserl distingue o Eu actual, no qual há consciência *explícita* do objecto, e o Eu inactual, no qual a consciência do exemplo, o acto de apreensão atenta, encontra-se sempre rodeado por uma área de vividos inactuais, «o fluxo do vivido jamais pode ser constituído por puras actualidades» (*Ideen*, 63). Todas as vivências, actuais ou inactuais, são igualmente intencionais. Importa, então, não confundir intencionalidade e atenção. Há intencionalidade desatenta, implícita. Teremos ocasião de voltar a este ponto, essencial para a ciência psicológica, pois contém em resumo toda a tese fenomenológica concernente ao inconsciente.

Vemos que, com Husserl, é possível falar de uma inclusão do mundo *na* consciência, dado que a consciência não é só o pólo Eu (noese), mas também o pólo isso (noema); mas convirá sempre precisar que tal inclusão não é *real* (o cachimbo está no quarto), mas intencional (o fenómeno cachimbo está na minha consciência). A inclusão intencional, revelada em cada caso particular pelo método da análise intencional, significa que a relação da consciência ao seu objecto não é a de duas realidades exteriores e independentes, já que, por um lado, o objecto é *Gegenstand*, fenómeno que reenvia à consciência a que aparece, e, por outro lado, a consciência é consciência deste fenómeno. É porque a inclusão é intencional que é possível fundar o transcendente *no* imanente, sem o aviltar. Deste modo, a intencionalidade é por si mesma uma resposta à questão: como pode haver um objecto-em-si para mim? Perceber o cachimbo é, precisamente, visá-lo enquanto existente real. O sentido do mundo é assim decifrado como sentido que eu dou ao mundo; mas tal sentido é vivido como objectivo, descubro-o, de outra forma não seria o sentido que o mundo tem para mim. Ao proporcionar-nos a *análise intencional*, a redução permite descrever rigorosamente a relação sujeito-objecto. Esta descrição consiste em pôr em acção a *filosofia* imanente à consciência natural, e não em desposar passivamente o dado. Ora, é a própria intencionalidade que define esta *filosofia*. A análise intencional (daí deriva o seu nome) deve, então, esclarecer como é *constituído* o sentido de ser (*Seinssin*) do objecto; porque a intencionalidade é um objectivo, mas é igualmente uma doação de sentido. A análise intencional apodera-se do objecto constituído como sentido e revela essa *constituição*. Assim, nas *Ideen II*, Husserl conduz-se sucessivamente às constituições da natureza material, da natureza animada e do Espírito. É evidente que a subjectividade não é *criadora*, já que por si mesma não passa de *Ichpol*; mas a *objectividade* (*Gegenstandlichkeit*), por seu lado, só existe como pólo de um objectivo intencional que lhe confere o sentido de objectividade.

III. O «Mundo da Vida»

1. O idealismo transcendental e suas contradições

Chegados a este estádio, somos reenviados, parece, a um *idealismo transcendental* (*Med. Cart.*); tal idealismo transcendental estava já contido na própria acção de reduzir. Mas, como o sujeito transcendental não é diferente do sujeito concreto, o idealismo transcendental parece, além disso, dever ser solipsista. Estou só no mundo, o próprio mundo é apenas a *ideia* da unidade de todos os objectos, a coisa é a mera unidade da minha percepção da coisa, isto é, das *Abschattungen*, todo o sentido se funda na minha consciência, na qualidade de intenção ou doadora de sentido (*Sinngebung*). Na realidade, Husserl nunca se deteve neste idealismo monádico, primeiro, porque a experiência da objectividade pode invocar em seu favor a concordância de uma pluralidade de sujeitos, depois, porque o próprio outro me é dado numa experiência absolutamente original. Os outros *ego* «não são meras representações e objectos representados em mim, unidades sintéticas de um processo de verificação que se desenrola em 'mim', mas efectivamente 'outros'» (*Med. Cart.*, 75). A alteridade do outro distingue-se da transcendência simples da coisa pelo facto de o outro ser para si próprio um Eu e de a sua unidade não estar na minha percepção, mas nele próprio; por outras palavras, o outro é um Eu puro que de nada carece para existir, é uma existência absoluta e um ponto de partida radical para si mesmo, como eu o sou para mim. A questão transforma-se então em: como é possível um sujeito constituinte (o outro) *para* um sujeito constituinte (eu)? Bem entendido, o outro é experimentado por mim como *estranho* (*Med. Cart.*), pois é fonte de sentido e de intencionalidade. Mas aquém desta experiência de estranheza (que fornecerá a Sartre as suas temáticas da separação das consciências), a explicitação do outro não pode ser feita, a nível transcendental, nos mesmos termos que a explicitação da coisa, embora o outro, na medida em que é para mim, seja também por mim, a dar crédito aos resultados essenciais da redução transcendental. Esta exigência, própria da explicitação do outro, não é verdadeiramente satisfeita nas *Meditações Cartesianas*, texto que acabamos de utilizar para expor a posição sobre o problema do outro. Com efeito, após ter descrito a *apercepção assimilante*, pela qual o corpo do outro me é dado como corpo próprio de um outro Eu, sugerindo o psíquico como seu indicador adequado, e após ter feito da sua *acessibilidade indirecta* o fundamento para nós da existência do outro, Husserl declara que, do ponto de vista fenomenológico, o «outro é uma 'modificação' do 'meu' Eu» (*Med. Cart.*, 97), o que trai a nossa expectativa. Nas *Ideen II*, III Parte, em contrapartida, Husserl acentuava a oposição entre «mundo natural e mundo do espírito» (*Geist*) e a prioridade ontológica absoluta deste sobre aquele: a unidade da coisa é a da manifestação das *Abschattungen* a uma consciência, a unidade da pessoa é *unidade de manifestação absoluta*. No caso do sujeito, e por conseguinte do outro

O «MUNDO DA VIDA»

enquanto sujeito (*alter ego*), não se pode *reduzir* a existência real a um correlato intencional, pois o que intencionalizo, quando viso outrem, é precisamente uma existência absoluta: aqui, ser real e ser intencional confundem-se. É possível, então, delimitar uma *comunidade de pessoas*, que Ricoeur («Analyses et problèmes dans *Ideen II*», *Revue de métaphysique et de morale*, 1951) aproxima da consciência colectiva de Durkheim ou do espírito objectivo no sentido de Hegel, e que assenta simultaneamente na mútua apreensão das subjectividades e na comunidade de ambiente. Esta comunidade das pessoas é constitutiva do *seu* próprio mundo (o mundo medieval, o mundo grego, etc.); mas será constitutiva originariamente? Afirmá-lo, seria admitir que o sujeito transcendental e solipsista não é *radical*, pois mergulharia as raízes num mundo do espírito, numa cultura que é ela própria constituinte.

Por outras palavras, a filosofia transcendental, enquanto filosofia do sujeito radical, não consegue integrar uma sociologia cultural. Mantém-se entre ambas uma *tensão* (Ricoeur), quiçá uma contradição, que não está embutida sobre o pensamento fenomenológico, mas que lhe é aderente: na realidade é a própria filosofia transcendental que conduz ao problema da intersubjectividade ou da comunidade das pessoas, como mostra o percurso paralelo das *Meditações Cartesianas* e das *Ideen*. É evidente que a perspectiva de uma sociologia cultural, que era já a das *Ideen II* e domina amplamente os últimos escritos (*Krisis*, «Lettre à Lévy-Bruhl»), introduz, no dizer do próprio Husserl, algo semelhante a um *relativismo histórico*, que é precisamente aquilo contra que devia lutar a filosofia transcendental, embora tal filosofia não possa deixar de desembocar na problemática do outro, nem de elaborar o problema de maneira a reexaminar as aquisições do subjectivismo radical. Com a análise intencional do outro, a radicalidade não se situa mais do lado do Eu, mas do lado da intersubjectividade, a qual não é apenas intersubjectividade para mim, afirmação pela qual o Eu retomaria o seu sentido de único fundamento, mas também intersubjectividade absoluta ou, se preferirmos, *primeira*. Pode-se, no entanto, afirmar que o próprio Husserl nunca foi tão longe: a radicalidade do *cogito* transcendental, tal como é fundada nas *Ideen I*, permanece o núcleo de toda a sua filosofia. Em *Krisis II*, por exemplo, encontramos esta crítica significativa, dirigida contra o transcendentalismo cartesiano: Descartes *não descobriu que todas as distinções do tipo Eu e Tu, dentro e fora, só se «constituem» no «ego» absoluto*. Deste modo, o tu, como o isso, não passa de uma síntese de vividos egológicos.

E, no entanto, é no sentido desta *sociologia cultural* que evolui o pensamento de Husserl, no final da sua vida. Disso nos fornece abundante testemunho a *Krisis*, cujas duas primeiras partes foram publicadas em Belgrado, em 1936. Husserl põe especial atenção na ligação estreita desta reflexão sobre a história, ou seja, sobre a intersubjectividade, com o seu problema, a radicalidade transcendental: «este escrito é uma tentativa de fundar a necessidade inelutável de uma conversão da filosofia à fenomenologia transcendental no sentido de uma tomada de consciência telógico-histórica aplicada às origens da situação crítica em que nos encontramos no que respeita às ciências e à filosofia. Este escrito constitui, portanto, uma introdução independente à fenomenologia transcendental.» Por outras palavras, o caminho seguido até ao presente, e que, partindo dos problemas lógico-matemáticos ou do problema perceptivo, conduzia ao ego absoluto, não é privilegiado: a via da história é também segura. A elucidação da história em que estamos empenhados esclarece a tarefa do filósofo. «Nós, que não temos apenas uma herança espiritual, mas que não passamos, de parte a parte, de seres em devir segundo o espírito histórico, é somente a este título que temos uma tarefa verdadeiramente nossa.» (*Krisis*, 15). E o filósofo não pode deixar de passar pela história, porque o filósofo preocupado com a radicalidade deve compreender e ultrapassar os dados históricos imediatos, que são na realidade as sedimentações da história, os preconceitos, e constitui – o seu *mundo* no sentido cultural. Ora, qual a crise com que nos debatemos? É a crise derivada do objectivismo. Para falar com propriedade, não se trata da crise da teoria física, mas da crise que atinge o significado das ciências para a própria vida. O que caracteriza o espírito moderno é a formalização lógico-matemática (precisamente aquela que constituía a esperança das *Investigações Lógicas*) e a matematização do conhecimento natural: a *mathesis universalis* de Leibniz e a nova metodologia de Galileu. É nesta base que o objectivismo se desenvolve: descobrindo o mundo como matemática aplicada, Galileu ocultou-o como obra da consciência (*Krisis II*, 9). Por isso, o formalismo objectivista é alienatório. Tal alienação iria transformar-se em mal-estar, a partir do momento em que a ciência objectiva se apoderou do subjectivo. Oferecia então a opção entre construir o psíquico sobre o modelo do físico, ou a renúncia a estudar o psíquico com rigor. Descartes prenuncia a solução, ao introduzir o *motivo transcendental*: pelo *cogito* é-lhe facultada a verdade do mundo como fenómeno, como *cogitatum*, cessando então a alienação objectivista que conduz às aporias metafísicas da alma e de Deus – ou pelo menos teria cessado, se Descartes se não tivesse iludido a si próprio com o objectivismo de Galileu e não houvesse confundido o *cogito* transcendental e o Eu psicológico: a tese do *ego res cogitans* corta com todo o esforço transcendental. Daí a dupla herança cartesiana: o racionalismo metafísico, que elimina o *ego*; o empirismo céptico, que arruína o saber. Somente o transcendentalismo, articulando todo o saber num *ego* transcendental, doador de sentido, vivendo de uma vida pré-objectiva, pré-científica, num *mundo da vida* imediato para o qual a ciência exacta não passa de revestimento, concederá ao objectivismo o verdadeiro fundamento e lhe retirará o poder alienatório. A filosofia transcendental possibilita a reconciliação do objectivismo e do subjectivismo, do saber abstracto e da vida concreta. O destino da humanidade europeia, que é também o de toda a humanidade, encontra-se, por isso, ligado às probabilidades de conversão da filosofia à fenomenologia. *Pela nossa actividade filosófica, somos os funcionários da humanidade.*

2. A Lebenswelt

Não podemos prolongar a descrição da evolução de Husserl nesta direcção. Torna-se claro que a acentuação do seu pensamento se modificou sensivelmente a partir da doutrina de *Wesenschau*. É, no entanto, incontestável que tal pensamento se mantém até ao fim no cerne do problema central, a radicalidade. Mas o *ego* absoluto, que o filósofo das *Ideen* considerava um pólo único, idêntico e universal, surge a uma outra luz na filosofia do último período. Acabámos de o ver empenhado na história e na intersubjectividade. Por vezes, Husserl designa-o *Leben* (a vida), sujeito da *Lebenswelt*. Já sabíamos que, no fundo, não há diferença entre o *ego* concreto e o sujeito transcendental. Mas a identificação é aqui de tal modo sublinhada que a última fase da filosofia de Husserl pôde ser qualificada de empirismo (J. Whal).

A filosofia da *Lebenswelt* começa a ganhar forma principalmente com a elaboração da grande questão posta a partir das *Investigações Lógicas*: o que se entende por verdade. A verdade não pode, evidentemente, definir-se aqui pela adequação do pensamento e do seu objecto, pois semelhante definição implicaria que o filósofo que define contemple, por um lado, todo o pensamento e, por outro lado, todo o objecto na sua relação de exterioridade total. Ora, a fenomenologia ensinou-nos que tal exterioridade é impensável. Também não se pode definir a verdade apenas como um conjunto de condições *a priori*, pois este conjunto (ou sujeito transcendental à maneira kantiana) não pode dizer Eu, não é radical, é apenas um momento objectivo da subjectividade. A verdade só pode definir-se como experiência vivida da verdade: é a evidência. Este vivido não é, porém, um sentimento, pois é evidente que o sentimento não garante nada contra o erro. A evidência é o modo originário da intencionalidade, isto é, o momento da consciência em que a *própria coisa* de que se fala se dá em carne e osso, em pessoa, à consciência, em que a intuição é *preenchida*. Para poder responder à questão: «o muro é amarelo?», ou entro no quarto e observo o muro (ao nível perceptivo, é uma evidência originária que Husserl muitas vezes designa por *experiência*), ou tento lembrar-me dela, ou interrogo alguém a esse respeito. Nos dois últimos casos, experimento se existe em mim ou em outrem uma *experiência*, ainda presente, da cor do muro. Qualquer justificação possível do juízo deverá passar por esta *experiência presente* da própria coisa. A evidência é, deste modo, o sentido de toda a justificação, ou de toda a racionalização. A experiência não diz respeito apenas ao objecto perceptivo; pode versar sobre um valor (beleza), em suma, sobre qualquer um dos modos intencionais atrás enumerados (pág. 33). Mas esta evidência ou vivido da verdade não dá total garantia contra o erro. Há, com certeza, casos em que não possuímos *a experiência* de que falamos, e sentimo-los nós próprios com evidência. O erro pode, todavia, inserir-se na própria evidência: o muro amarelo, apercebo-me à luz do dia que era cinzento. Há, então, duas evidências sucessivas e contraditórias. A primeira continha um erro. A isso responde Husserl na *Lógica Formal e Lógica Transcendental*, §8: «Mesmo uma evidência que se apresente como apodíctica pode revelar-se ilusória, o que pressupõe, não obstante, uma evidência do mesmo tipo, na qual «se manifeste»». Por outras palavras, é sempre e exclusivamente na experiência actual que surge como ilusória a experiência anterior. Não há, pois, uma «experiência verdadeira» à qual deveria recorrer-se como ao índice da verdade e do erro. A verdade experimenta-se sempre e exclusivamente numa experiência actual. Pode-se dizer que o fluxo das vivências só se refaz se tal vivido a mim se dá actualmente como uma evidência passada e errónea, constituindo esta mesma actualidade uma nova *experiência* que exprime, no presente vivo, simultaneamente o erro passado e a verdade presente, como correcção daquele erro. Não há, então, uma verdade absoluta, postulado comum do dogmatismo e do cepticismo; a verdade define-se em devir, como revisão, correcção e ultrapassagem de si mesma, efectuando-se tal operação dialéctica sempre no meio do presente vivo (*lebendige Gegenwart*). Por isso, contrariamente ao que acontece com uma tese dogmática, o erro é compreensível, porque está implicado no próprio sentido da evidência com que a consciência constitui o verdadeiro. Para responder correctamente à questão da verdade, ou seja, para descrever correctamente a experiência do verdadeiro, convém, então, insistir fortemente no devir genético do *ego*: a verdade não é um objecto, mas um movimento, e só existe se este movimento for *efectivamente feito por mim*.

Para verificar um juízo, isto é, para estabelecer o seu sentido de verdade, é preciso proceder a uma análise regressiva que conduza a uma *experiência* pré-categorial (antepredicativa), a qual constitui pressuposição fundamental da lógica em geral (*Aron Gurwitsch*) ([6]). Esta pressuposição não é um axioma lógico. É condição filosófica de possibilidade, constitui o solo (*Boden*) em que lança raízes toda a predicação. Antes de qualquer ciência, a matéria que estamos a tratar é-nos previamente dada numa *crença* passiva, e o «previamente dado universal passivo de qualquer actividade judicativa chama-se mundo, substrato absoluto, independente, no sentido forte de independência absoluta» (*Experiência e Juízo*, 26 e 157). O fundamento radical da verdade descobre-se no final de um regresso, por meio da análise intencional, à *Lebenswelt*, mundo em cujo seio o sujeito constituinte *recebe as coisas* como sínteses passivas anteriores a qualquer saber exacto. «Esta receptividade deve ser entendida como etapa inferior da actividade» (ibid., 83), o que quer dizer que o *ego* transcendental constitutivo do sentido destes objectos se refere implicitamente a uma apreensão passiva do objecto, a uma cumplicidade primordial que possui com o objecto. Esta alusão demasiado breve permite-nos precisar, a terminar, que o *mundo* de que aqui se trata não é, evidentemente, o mundo da ciência natural, mas o conjunto, ou ideia no sentido kantiano, de tudo quanto há ou pode haver consciência. Deste modo, depois da redução que isolara o mundo na sua forma constituída, para restituir ao *ego* constituinte a autenticidade de dador de sentido, a tentativa husserliana, explorando o sentido mesmo desta *Sinngebung* subjectiva, recupera o mundo como a própria realidade do constituinte. Não se trata, evidentemente do mesmo mundo: o mundo natural é um mundo feiticizado no qual o homem

---

([6]) «Présuppositions philosophiques de la logique», *R.M.M.*, XLVI, 1951.

se abandona como existente natural e no qual ingenuamente *objectiva* a significação dos objectos. A redução procura apagar esta alienação; o mundo primordial que descobre ao prolongar-se é o terreno de experiências vividas em que se ergue a verdade do conhecimento teórico. A verdade da ciência já não se funda em Deus, como em Descartes, nem nas condições *a priori* de possibilidade, como em Kant; funda-se no vivido imediato de uma evidência através da qual o homem e o mundo se encontram originariamente de acordo.

Nota sobre Husserl e Hegel

É de Hegel que o termo fenomenologia recebe plena e singular acepção, com a publicação em 1807 de *Die Phänomenologie des Geistes*. A fenomenologia é *ciência da consciência*, «na medida em que a consciência é em geral o saber de um objecto, ou exterior, ou interior». Escreve Hegel no Prefácio à *Fenomenologia*: «O estar aí imediato do espírito, «a consciência», possui os dois momentos: o do saber e o da objectividade, que é o negativo relativamente ao saber. Quando o espírito se desdobra neste elemento da consciência e aí expõe os seus momentos, esta oposição acontece em cada momento particular e todos surgem, então, como figuras da consciência. A ciência deste caminho é a ciência da «experiência» que faz a consciência» (cit. na trad. franc. de J. Hyppolite, pp. 31-32). Por isso, não há resposta para a questão de saber se, em filosofia, se deve partir do objecto (realismo), ou se se deve partir do Eu (idealismo). A própria noção de fenomenologia arruma com a questão: a consciência é sempre consciência de, e não há objecto que não seja objecto para. Não há imanência do objecto à consciência se, correlativamente, se atribuir ao objecto um sentido racional, caso contrário, o objecto não seria um objecto para. O conceito ou sentido não é exterior ao ser; o ser é imediatamente conceito em si e o conceito é ser para si. O pensamento do ser é o ser que se pensa a si mesmo e, por consequência, o *método* que este pensamento emprega, a própria filosofia; não é constituído por um conjunto de categorias independentes do que pensa, do seu conteúdo. Só formalmente é que a forma do pensamento se distingue do seu conteúdo; ela é concretamente o próprio conteúdo que se apreende, o em-si que se transforma em para-si. «Devemos considerar as formas do pensamento em si e para si, porque são o objecto e a actividade do objecto» (*Enciclopédia*). Daí que o erro de Kant – que era um erro positivo, enquanto momento no devir-verdade do Espírito – consistisse em descobrir as formas e as categorias como fundamento absoluto do pensamento do objecto e do objecto para o pensamento: o erro consistia em admitir o transcendental como originário.

Segundo a identificação dialéctica do ser e do conceito, o problema da originalidade é, na verdade, *saltado*: não há começo imediato e absoluto, isto é, um qualquer coisa sem a consciência ou uma consciência sem qualquer coisa, ao menos porque o conceito de começo ou de imediatez contém, como sua negação dialéctica, a perspectiva de uma progressão subsequente, de uma mediação. «A progressão não é supérflua; sê-lo-ia, se o começo fosse já absoluto» (*Ciência da Lógica*). Nada é absolutamente imediato, tudo é derivado; para falar com rigor, a única realidade *não derivada* é o conjunto do sistema das derivações, isto é, a Ideia absoluta da *Lógica* e o Saber absoluto da *Fenomenologia*: o resultado da mediação dialéctica surge a si próprio como único imediato absoluto. O saber absoluto, escreve Hyppolite, «não parte de uma origem, mas do próprio movimento de partir, do «*minimum rationale*» que é a tríade «Ser-Nada-Devir», o que quer dizer que parte do Absoluto como mediação, sob a sua forma ainda imediata, a do devir» (*Logique et existence*, 85).

A dupla proposição hegeliana: o ser é já sentido ou conceito, não há um originário que funde o conhecimento, permite delimitar com bastante clareza Husserl de Hegel, a partir da comum crítica do kantismo. Com respeito à primeira parte desta proposição, a fenomenologia husserliana está de acordo: o objecto é *constituído* pela sedimentação de significações, que não são as condições *a priori* de toda a experiência no sentido kantiano, dado que o entendimento, que estabelece estas condições como fundadoras da experiência em geral, se funda já ele próprio na experiência. Não há uma anterioridade lógica das categorias, nem sequer das formas pelas quais um sujeito transcendental se atribuiria objectos. Pelo contrário, como mostra *Erfahrung und Urteil*, são os juízos, e as categorias que empregam, que supõem uma certeza *primeira*, a de que o ser existe, ou seja, *a crença* numa realidade. Husserl chama-lhe *Glaube*, fé, crença, para acentuar que se trata de um pré-saber. Antes de qualquer actividade predicativa, e mesmo antes de qualquer atribuição de sentido, há, no seio da *apresentação passiva*, mesmo quando se trata da percepção da coisa sensível, «uma fé exercida e inelutável na existência de «algum» real... Fonte de todo o saber e nele exercida (esta crença), não é inteiramente recuperável num saber propriamente dito e explícito» (Waelhens, *Phénoménologie et vérité*, 52 e 50).

Portanto, se a recuperação da totalidade do real (no sentido hegeliano) se afigura impossível, é precisamente porque há real originário, imediato, absoluto, que funda toda a recuperação possível. Será, então, necessário dizer que é *inefável*, se é verdade que todo o *logos*, todo o discurso racional, toda a dialéctica do pensamento pressupõe, por vez, a *fé* originária? Há, então, anterracional? Compreende-se que basta esta questão para distinguir nitidamente de Hegel a fenomenologia husserliana e pós--husserliana. «Para Hegel», escreve Hyppolite, «não há inefável que se situe aquém ou além do saber, nem singularidade imediata ou transcendência; não há silêncio ontológico, mas o silêncio dialéctico é uma conquista progressiva do sentido. Isso não significa que este sentido fosse de direito anterior ao discurso que o descobre e o cria..., mas tal sentido desenvolve-se no próprio discurso» (*Logique et existence*, 25-26). No artigo «Glauben und Wissen», já Hegel se declarava contra a transcendência do em-si kantiano como produto de uma filosofia do entendimento, para a qual a presença do objecto não é mais que simples aparência de uma realidade *escondida*. Ora, não é uma outra e mesma transcendência que Husserl reintroduz em *Experiência e Juízo*, sob a forma do *Lebenswelt* antepredicativo? Pelo facto de este mundo da vida ser antepredicativo, toda a predicação, todo o discurso, por certo, o *implica*, mas não o alcança, e, para falar com propriedade, nada se pode dizer a seu respeito. Aqui ainda, embora num sentido completamente diferente, o *Glauben* substitui o *Wissen*, e o silêncio da *fé* põe termo ao diálogo dos homens acerca do ser. Por conseguinte, a verdade de Husserl estaria em Heidegger, para quem a «dualidade do Eu e do ser é insuperável» (Waelhens) e para quem o pretenso saber absoluto mais não faz que traduzir o carácter «metafísico», especulativo, inautêntico do sistema que o supõe. O imediato, o originário de Husserl é para Hegel um imediato que se ignora, como momento no devir total do ser e do *logos*. Mas o absoluto de Hegel, isto é, o devir tomado como totalidade fechada sobre si própria e para si própria na pessoa do Sábio, é, para Husserl, fundado e não originário, especulativo e não *campo* de toda a verdade possível.

Por consequência, quando Kojève mostra, na *Introdution à la lecture de Hegel*, que o método da Fenomenologia do Espírito é o mesmo de Husserl, «puramente descritivo e não dialéctico» (467), sem dúvida que não deixa de ter razão. Convém, contudo, acrescentar que a *Fenomenologia* hegeliana *fecha* o sistema, é a retomada total da realidade total no saber absoluto, ao passo que a descrição husserliana *inaugura* a apreensão da *própria coisa* aquém de toda a predicação. É por isso que jamais cessa de recomeçar, de se inutilizar, pois é um combate da linguagem contra si mesma, para atingir o originário (atente-se, a propósito, nas notáveis semelhanças, em igualdade de circunstâncias, aliás, do *estilo* de Merleau-Ponty e de Bergson). É certa, neste combate, a derrota do filósofo, do *logos*, já que o originário, descrito, já não é originário, enquanto descrito. Em Hegel, ao contrário, o ser imediato, o pretenso originário, é já *logos*, sentido, e não ponto de chegada da análise regressiva, começo absoluto da existência. Não se pode «considerar o começo como um imediato, mas como mediado e derivado, se é ele próprio determinado em face da determinação do resultado (Ciência da Lógica). Nenhum objecto, enquanto se apresenta como algo de externo, como afastado da razão, como independente dela, lhe pode resistir, pode perante ela ser de uma natureza particular, pode ser por ela penetrado» (ibid.).

Aparentemente, o conflito entre o racionalismo hegeliano e Husserl é total. No entanto, se considerarmos que a empresa fenomenológica é fundamentalmente *contraditória* enquanto designação pela linguagem de um significado pré-lógico no ser, ficará para sempre inconclusa, porque remetida dialecticamente do ser ao sentido, através da análise intencional. A verdade é, então, devir e não apenas *evidência actual*, é retomada e correcção das evidências sucessivas, dialéctica das evidências, «a verdade é», escreve Merleau-Ponty, «um outro nome da sedimentação, a qual é, por sua vez, a presença de todos os presentes no nosso» («Sur la phénoménologie du langage», in *Problèmes actuels de la phénoménologie*, 107), a verdade é *Sinngenesis*, génese do sentido. Por consequência, se, por outro lado, se admite que a «Fenomenologia do Espírito é a filosofia militante, mas ainda não triunfante» (Merleau-Ponty), se se compreende o racionalismo hegeliano como aberto, o sistema como etapa, talvez Husserl e Hegel convirjam afinal no *Nós queremos ver o verdadeiro sob forma de resultado* da *Filosofia do Direito* – na condição de que tal resultado seja também momento.

SEGUNDA PARTE

FENOMENOLOGIA E CIÊNCIAS HUMANAS

I. Posição do Problema

1.º Pudemos observar que o problema das ciências humanas não é subsidiário no pensamento fenomenológico. Pode-se dizer, ao contrário, que, em certo sentido, se encontra no seu centro. Com efeito, é a partir da crise do psicologismo, do sociologismo, do historicismo, que Husserl empreende a tentativa de restituir a validade à ciência em geral e às ciências humanas. O psicologismo pretende reduzir as condições do conhecimento verdadeiro às condições efectivas do psiquismo, de tal modo que os próprios princípios lógicos, que são a garantia deste conhecimento, só seriam garantidos por meio de leis de facto, estabelecidas pelo psicólogo. O sociologismo procura mostrar que todo o saber pode, com rigor, deduzir-se dos elementos do meio social onde se elabora, e o historicismo, ao sublinhar a relatividade deste meio no devir histórico, dá a última demão nesta degradação do saber. Em última análise, cada civilização, e, no interior de cada civilização, cada momento histórico, e, no interior de cada momento, determinada consciência individual, produzem uma arquitectura de mitos, elaboram uma *Weltanschauung*: é na filosofia, na religião, na arte, que esta *visão do mundo* melhor se exprime, mas afinal também a ciência é *uma visão do mundo*. O filósofo alemão Dilthey, cuja influência em Husserl é considerável, está no centro desta filosofia relativista. O relativismo nascera das ciências humanas (positivismo de Comte, humanismo de Schiller, pragmatismo de James). E implicava o seu desaparecimento como ciências. Pois, se arruinarmos a validade do saber, subordinando os princípios lógicos que o fundam (causalidade, por exemplo) aos processos psíquicos estabelecidos pelo psicólogo, resta saber qual é a validade dos princípios e categorias utilizados pelo psicólogo para estabelecer os mencionados processos. Fazer da psicologia a ciên-cia-chave é destruí-la como ciência, pois é incapaz de se legitimar a si própria. Por outras palavras, o relativismo ataca não apenas as ciências da natureza, mas ainda as ciências humanas, bem como, mais longe ainda, a infra-estrutura lógica em que assenta o corpo das ciências. E pela defesa desta infra-estrutura que lucidamente iniciava Husserl a sua obra.

2.º Nesta perspectiva, a fenomenologia é uma lógica: das *Investigações Lógicas* à *Experiência e Juízo*, pudemos apreciar a constância do pensamento husserliano. Mas esta lógica não é, nem formal, nem metafísica: não se contenta com um conjunto de operações e condições operatórias que delimite o campo do raciocínio verdadeiro; mas também não pretende fundar o operatório sobre o transcendente, ou afirmar que 2 e 3 são 5, porque Deus assim quer, ou porque Deus, que pôs em nós esta igualdade, não pode ser mistificador. A lógica que a fenomenologia é, é uma lógica fundamental que investiga como é que *de facto* existe verdade para nós: a experiência no sentido husserliano exprime tal facto. Não pode tratar-se de um empirismo puro e simples, cuja contradição profunda muitas vezes Husserl criticou. Trata-se, na realidade, de fazer brotar o direito do facto. Será isto cair de novo no relativismo céptico? Não, porque o relativismo, o psicologismo por exemplo, não consegue precisamente extrair o valor da realidade: reduz o necessário ao contingente, reduz a verdade lógica do juízo à certeza psicológica experimentada por aquele que julga. A fenomenologia, ao contrário, pretende, a partir de um juízo verdadeiro, regressar ao que é *efectivamente vivido* por aquele que julga. Ora, para apreender o que é efectivamente vivido, importa ater-se a uma descrição que abrace estreitamente as modificações de consciência: o conceito de certeza, proposto por Mill para descrever a verdade como vivido de consciência, não se dá de modo algum conta do que é realmente vivido. É então patente a necessidade de uma descrição de consciência extremamente fina e maleável, cuja hipótese de trabalho é a redução fenomenológica. Com efeito, esta apreende de novo o sujeito na sua subjectividade, arrancando-o à sua alienação no seio do mundo natural, e garante que a descrição concerne mesmo à consciência efectivamente real e não a um substituto mais ou menos objectivado daquela. Para o psicólogo, não há juízo verdadeiro ou juízo falso: há juízos a descrever. A verdade daquilo que julga o sujeito que o psicólogo observa não passa de um acontecimento de maneira alguma privilegiado em si; este sujeito que julga encontra-se determinado, acorrentado a séries de motivações que são as responsáveis pelo seu juízo. Por conseguinte, só se pode atingir o vivido de verdade que importa descrever se não se eliminar primeiro a subjectividade do vivido.

3.º Por isso, a filosofia do sujeito transcendental exigia inelutavelmente uma *psicologia* do sujeito empírico. Insistimos longamente na identidade dos dois sujeitos, que são apenas um; na perspectiva das ciências humanas, esta identidade significa que «a psicologia intencional contém já em si mesma o transcendental» (*Med. Cart.*), ou que uma descrição psicológica bem feita não pode deixar de restituir afinal a intencionalidade constituinte do Eu transcendental. A fenomenologia era, portanto, inevitavelmente conduzida a inscrever no seu programa a psicologia, e não somente porque suscite problemas metodológicos particulares, mas essencialmente porque a fenomenologia é uma filosofia do *cogito*.

Não é menos estreito o laço que a une à *sociologia*. Assinalámos muito rapidamente, a propósito da *V Meditação Cartesiana* e de *Ideen II*, como o solipsismo transcendental desemboca no problema do outro. Parece que Husserl não chegou a uma versão definitiva deste problema. No entanto, quando escreve que «a subjectividade transcendental é intersubjectividade», ou que o mundo do espírito possui uma prioridade ontológica absoluta sobre o mundo natural, dá a entender que o facto do *Einfühlung* ou da coexistência com o outro, que é uma compreensão do outro, modifica uma relação de reciprocidade em que o sujeito transcendental concreto se apreende a si próprio como outro, enquanto é *um outro* para outrem, e introduz na problemática deste sujeito um elemento absolutamente original: o social. Também aqui a fenomenologia era inevitavelmente conduzida, precisamente por não ser uma metafísica, mas uma filosofia do concreto, a apoderar-se dos dados sociológicos para se esclarecer a si própria, bem como para de novo pôr em questão os processos pelos quais são obtidos esses dados pelos sociólogos, para elucidar a sociologia.

Que a fenomenologia se interrogasse acerca da *história*, isso seria a própria interrogação da história acerca da fenomenologia e acerca de toda a filosofia que a ela conduzisse. Mas seria ainda a descoberta, no seio do sujeito transcendental concreto, do problema do tempo, que é também, se atendermos ao *paradelismo* psicofenomenológico, o problema da história individual: como pode haver história para a consciência? Esta questão é bastante próxima da fenomenologia: como pode existir o outro para a minha consciência? Para a história, com efeito, sou eu que me torno outro, permanecendo o mesmo; para o outro, é um outro que se dá como eu. Especialmente se se definir a verdade como vivido de verdade e se se admitir que as vivências se sucedem num fluxo infinito, o problema do tempo interior e da história individual é maximamente susceptível de tornar efémera qualquer pretensão à verdade: jamais alguém se banha duas vezes nas mesmas águas de um rio. E, no entanto, a verdade parece exigir a intemporalidade. Finalmente, se a subjectividade transcendental é definida como intersubjectividade, o mesmo problema se levanta, não já a nível individual, mas da história colectiva.

4.º A fenomenologia constitui simultaneamente uma introdução *lógica* às ciências humanas, enquanto procura definir-lhe eideticamente o objecto, anteriormente a qualquer experimentação, e uma *retomada* filosófica dos resultados da experimentação, na medida em que procura apreender-lhe a significação fundamental, em especial quando procede à análise crítica da ferramenta mental utilizada. Num primeiro sentido, a fenomenologia é a ciência eidética correspondente às ciências humanas empíricas (em especial a psicologia); num segundo sentido, instala-se no âmago destas ciências, no coração do facto, assim realizando a verdade da filosofia, que consiste em extrair a essência do *interior* do próprio concreto: é, então, o *revelador* das ciências humanas. Estes dois sentidos correspondem a duas etapas do pensamento husserliano.

Encontram-se estreitamente imbricados no pensamento fenomenológico actual, mas veremos que podem ainda ser isolados e que a definição eidética (por variação imaginária) é de prática difícil, para não dizer arbitrária.

II. Fenomenologia e Psicologia

1. A introspecção

O psicólogo objectivista, principal interlocutor do fenomenólogo, afirma que a psicologia deve renunciar a privilegiar o Eu no conhecimento de si próprio. Como método geral da psicologia, a introspecção admitia, *primeiro*, o axioma: o vivido de consciência constitui por si próprio um saber da consciência. Estou assustado, então sei o que é o medo, dado que sou medo. Este axioma supunha, por sua vez, uma total *transparência* do acontecimento de consciência ao olhar da consciência, e que todos os factos de consciência são factos conscientes. Por outras palavras, o vivido dá-se imediatamente com o seu sentido, quando a consciência se volta para ele. *Segundo*, este vivido era concebido por essa psicologia como *interioridade:* importa distinguir de maneira categórica o exterior e o interior, o que depende das ciências da natureza, ou objectivo, e o subjectivo, ao qual só se tem acesso por meio da introspecção. Para falar com verdade, esta dissociação depressa se revelou de uso melindroso, sobretudo com o progresso da fisiologia, pois punha-se o problema de saber *onde* passava a linha de demarcação; daí as hipóteses paralelistas, epifenomenistas, etc., até que se compreendesse finalmente, e a fenomenologia desempenha papel importante na maturação do problema, que uma fronteira só pode separar regiões da mesma natureza. Ora o psíquico não existe *como* o orgânico. *Terceiro*, o vivido tinha um carácter estritamente *individual*, no duplo sentido de que é o vivido de um indivíduo situado e datado e de que ele próprio é um vivido que não pode reproduzir-se. É esta última característica que tais *psicólogos* invocavam de modo determinante, para defender o método introspectivo: é preciso apreender o vivido imediatamente, caso contrário, o vivido sobre que se reflecte *em seguida* é um novo vivido e o vínculo entre um e outro não apresenta qualquer garantia de fidelidade. A heterogeneidade dos *estados de consciência* condena qualquer forma de captação diferente da introspecção. A individualidade e mesmo a unicidade do vivido captado pela introspecção suscita, evidentemente, o duplo problema da sua universalidade e da sua transmissibilidade. Em geral, a filosofia tradicional e a psicologia introspectiva resolvem-no, primeiro, recorrendo à hipótese de uma *natureza humana*, de uma *humana condição* que autorizaria a universalização dos resultados particulares, depois, preferindo, ao instrumento de comunicação que *é* a linguagem quotidiana ou a linguagem científica, uma linguagem de expressão, pela qual seria menos traída a interioridade. Daí a preferência desta psicologia pelas formas literárias. Reconhecer-se-á neste passo um dos problemas essenciais do bergsonismo que, afinal, nunca foi frontalmente abordado por Bergson, embora constituísse a chave de todos os outros. *Finalmente*, a heterogeneidade das vivências na corrente de consciência traduzia uma *contingência* que impedia, em última instância, que o psicólogo elaborasse leis a respeito do psíquico: a lei pressupõe o determinismo.

2. A reflexão

Acontece que a fenomenologia está de acordo com o objectivismo para criticar certas teses introspeccionistas. Que o sentido de um conteúdo de consciência seja imediatamente manifesto e captável enquanto tal, isso é desmentido pela própria empresa psicológica: se sentimos necessidade de uma ciência psicológica, é precisamente porque sabemos que não sabemos o que seja o psiquismo. É verdade que, estando assustado, eu sou medo; mas não sei por isso *o que* seja o medo, *sei* somente que tenho medo: avaliar-se-á a distância entre estes dois saberes. Na realidade, *o conhecimento de si por si é indirecto, é uma construção, é-me necessário decifrar a minha conduta como decifro a do outro* (Merleau-Ponty, *Les sciences de l'homme et la phénoménologie*). A fenomenologia opõe, deste modo, a reflexão à introspecção. Para que a reflexão seja válida, é necessário, evidentemente, que o vivido sobre que se reflecte não seja imediatamente arrastado pela corrente de consciência, é necessário que permaneça de uma certa maneira idêntico a si mesmo, através deste devir. Compreende-se por que razão Husserl, a partir de *Ideen I*, procurava fundar a validade da reflexão na *retenção*, função que não deve confundir-se com a memória, pois é, ao contrário, sua condição. Pela retenção, o vivido continua *ele próprio e em pessoa* a ser-me *dado*, afectado de um estilo diferente, isto é, sob a forma do *já não*. Esta cólera que ontem se apoderou de mim, ainda existe implicitamente para mim, pois posso apreendê-la de novo pela memória, datá-la, localizá-la, encontrar as suas motivações, as suas desculpas. E é de facto esta mesma cólera que assim se encontra *retida* no seio do meu *presente* vivo, pois, mesmo que afirme, de acordo com as leis experimentais da degradação da recordação, que o vivido de cólera presente está modificado, esta afirmação implica em profundidade que *tenho* ainda, de certo modo, a cólera não modificada, para poder *compará-la* com a cólera passada, da qual presentemente me informa a minha memória. O *Gegenstand* cólera é o mesmo, ao longo das evocações sucessivas que dele posso fazer, pois falo sempre da mesma cólera. É por isso que toda a reflexão é possível e em especial a reflexão fenomenológica, a qual tenta precisamente restituir o vivido em questão (a cólera), *descrevendo-o* o mais adequadamente possível. Esta descrição é uma *retomada* descritiva do próprio vivido, captado então como *Gegenstand* para a consciência actual daquele que descreve. Trata-se, em suma, de desenhar fielmente o *aquilo* que penso, quando penso a minha cólera passada; mas é também necessário que pense *efectivamente* esta cólera vivida, e não tal reconstrução da minha cólera, não devo deixar mascarar-me o fenómeno realmente vivido por uma interpretação prévia desse fenómeno. A reflexão fenomenológica distingue-se assim da reflexão das filosofias tradicionais, que consiste em reduzir a experiência vivida às suas condições *a priori*; por isso encontramos, na base da reflexão que a fenomenologia opõe à psicologia introspectiva, o cuidado husserliano pela própria coisa, o cuidado com a simplicidade. É este cuidado que motiva a redução, garantia contra a inserção dos preconceitos e a expansão das alienações na descrição reflexiva que da cólera devo fazer. Importa que comece por extrair, pela análise reflexiva, o vivido de cólera anterior a qualquer racionalização, a qualquer tematização, para, em seguida, poder reconstruir a sua significação.

3. *Intencionalidade e comportamento*

A fenomenologia, aqui ainda paralela ao objectivismo, era então necessariamente conduzida a rejeitar a distinção clássica do interior e do exterior. Em certo sentido, pode dizer-se que todo o problema husserliano consiste em definir como é que há para mim *objectos* e é por isso que é verdadeiro afirmar que a intencionalidade se encontra no centro do pensamento fenomenológico. A intencionalidade, tomada em sentido psicológico, exprime precisamente a insuficiência intrínseca do corte entre a interioridade e a exterioridade. Dizer que a consciência é consciência de alguma coisa, é dizer que não há noese sem noema, *cogito* sem *cogitatum*, mas também não há *amo* sem *amatum*, etc.; em resumo, encontro-me entrelaçado com o mundo. E recordamo-nos que a redução não significa de modo algum interrupção deste entrelaçamento, mas apenas pôr fora de circuito a alienação, por meio da qual me apreendo mundano e não transcendental. Com rigor, o Eu puro não é nada, isolado dos seus correlatos. Por isso, o Eu psicológico (que é o mesmo que o Eu puro) se encontra constantemente e por essência mergulhado no mundo, empenhado em situações. Atinge-se, então, uma nova localização do *psiquismo*, que já não é interioridade, mas intencionalidade, ou seja, relação do sujeito e da situação. Entende-se evidentemente que esta relação não une dois pólos rigorosamente isoláveis, mas, ao contrário, que tanto o Eu como a situação só são definíveis nesta e por esta relação. Contra Santo Agostinho, evocando o regresso à verdade interior, Merleau-Ponty escreve: «o mundo não é um objecto cuja lei de constituição tenho em meu poder, mas o meio natural e o campo de todos os meus pensamentos e de todas as minhas percepções explícitas. A verdade não «habita» apenas o «homem interior»; ou antes, não há homem interior: «o homem está no mundo, é no mundo que se conhece» (*Phénoménologie de la perception*, p. v). O mundo é, deste modo, negado como exterioridade e afirmado como *ambiente*, o Eu é negado como interioridade e afirmado como *existente*.

Ora, observava-se paralelamente nas pesquisas empíricas a mesma deslocação da noção central de toda a psicologia, ou seja, o próprio psiquismo. O conceito de comportamento, tal como é definido, por exemplo, por Watson, em 1914, responde já à mesma intenção: este comportamento é concebido *perifericamente*, isto é, pode ser estudado sem apelar para a fisiologia, como uma relação constantemente móvel entre um conjunto de estímulos, provenientes do meio natural e cultural, e um conjunto de respostas a esses estímulos, impelindo o sujeito para esse meio. A hipótese de uma consciência fechada na sua interioridade e dirigindo o comportamento, como um piloto o seu navio, deve ser eliminada: é contrária ao único postulado coerente de uma psicologia objectiva, o determinismo. Além disso, tal definição autoriza as pesquisas experimentais e favorece a elaboração de constantes. A fenomenologia não tinha de se pronunciar sobre este último ponto, mas, de qualquer modo, não podia deixar de aplaudir a formação de uma psicologia empírica, cujos axiomas eram conformes com as suas próprias definições eidéticas. Que se tenha dessolidarizado do behaviorismo reflexológico para que se orientava Watson, nada de surpreendente, pois via nele uma recaída nas aporias do introspeccionismo: em vez de se conservar a nível periférico, em conformidade com as suas primeiras definições, Watson ousava procurar a *causa* da resposta a um estímulo dado nas conduções nervosas aferentes, centrais e eferentes em que o influxo circula. Tentava mesmo, por fim, reduzir todas as conduções ao esquema reflexo, assim integrando, sem precaução, os resultados da célebre reflexologia de Pavlov e Betchterev e isolando de novo o corpo. O reflexo tornava-se o conceito de base da explicação behaviorista: os fenomenólogos não têm dificuldade em mostrar que Watson já não descreve, então, o comportamento efectivamente vivido, mas um substituto tematizado desse comportamento, um *modelo* fisiológico abstracto, cujo valor é, de resto, contestável.

4. *A psicologia da forma*

Antes de examinar como a fenomenologia utiliza a fisiologia para criticar o mecanismo watsoniano, detenhamo-nos na Gestalttheorie, de entre todas as escolas psicológicas a que mais de perto se aproximou das teses fenomenológicas: os psicólogos da forma são discípulos de Husserl. O conceito de comportamento é retomado e precisado no de forma ([7]). O erro de Watson, como mostra Koffka (*Principles of Gestalt Psychology*), foi ter admitido implicitamente a *objectividade* do comportamento. O facto de uma conduta ser observável não significa que seja um objecto cuja origem *é* necessário procurar numa conexão também objectiva, como a que a liga à organização nervosa. Na realidade, os estímulos perceptivos, por exemplo, que condicionam a nossa actividade, *não são eles próprios percebidos*. Se retomarmos a experiência elementar de Müller-Lyer, em que os segmentos iguais são, por construção, percebidos como desiguais, temos

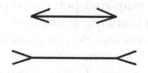

([7]) Ver o livro clássico de P. Guillaume, *La psychologie de la forme*, Flammarion, 1937.

um exemplo significativo da diferença entre o que é *objectivo* e o que é *dado*. A confusão watsoniana resulta de o dado ser precisamente um dado *objectivo*, pois é da essência da percepção fornecer-nos o objectivo. Quando se afirma que esta experiência nos fornece uma *ilusão*, não se compreende que, ao contrário, para um sujeito qualquer que percebe, os dois segmentos são efectivamente desiguais e que só em relação ao sistema de referência do experimentador que construiu a figura existe ilusão. O mundo da matemática ou mensurável, em que a figura foi construída, não é precisamente o mundo perceptivo. Importa, por isso, dissociar o meio perceptivo e o meio que Koffka denomina *geográfico*, como o que é dado imediatamente e o que é construído por mediação conceptual e instrumental (conceito de igualdade, duplo decímetro). A questão não está em saber qual destes meios é mais verdadeiro; quando se fala de ilusão de óptica, privilegia-se indevidamente o meio científico e construído. Com efeito, *não se trata de saber se percebemos o real tal como é* (aqui, por exemplo, a igualdade dos dois segmentos), *pois o real é precisamente o que nós percebemos*. É particularmente claro que a própria ferramenta mental e instrumental da ciência adquire a sua eficácia na relação imediata do sujeito que a utiliza com o mundo. Husserl não pretendia dizer outra coisa, quando mostrava que a própria verdade científica não se funda, em última análise, senão na *experiência* antepredicativa do sujeito da ciência. Quando nos colocamos o problema de saber se o sujeito empírico percebe o próprio real, instalamo-nos, de certa maneira, acima desta relação; o filósofo contempla, então, do alto de um pretenso saber absoluto, a relação que a consciência mantém com o objecto e denuncia as suas *ilusões*. Como mostrava a *República*, a compreensão do facto de que estamos na caverna pressupõe que já se saiu dela. Apoiando-se nos dados das pesquisas da *Gestaltpsychologie*, a fenomenologia denuncia esta *inversão de sentido:* pode-se compreender o mundo inteligível de Platão como o conjunto das construções a partir das quais a ciência explica o mundo sensível. Não se trata precisamente, para nós, de partir do construído: importa, ao contrário, compreender o imediato a partir do qual a ciência elabora o seu sistema. De qualquer modo, este sistema não deve ser *realizado*, não passa, como dizia Husserl, de um *vestido* do mundo perceptivo. Por consequência, aquilo a que Koffka chama meio do comportamento (*Umwelt*) constitui o universo efectivamente real, porque efectivamente vivido como real; prolongando o seu pensamento, Lewin mostra que é necessário liquidar toda a interpretação substancialista do meio geográfico, como do meio de comportamento. Só na medida em que estes dois *universos* são *realizados* se põe o problema da sua relação e particularmente da sua antecedência ou mesmo da sua causalidade. Se se admite, em compensação, que aqui só se trata de conceitos operatórios, o problema deixa de existir. O termo *realidade* não implica, então, de modo algum um envio para uma substância material. Seria preferível defini-lo por *preexistência.*

É, com efeito, característica essencial do *Umwelt* fenomenal, como também lhe chama Koffka, estar sempre *já lá.* Em certo sentido, todo o livro de Merleau-Ponty sobre a percepção consiste em separar esse núcleo de *já*, e que, por vezes, designa por *pré-história*, querendo com isso dizer que qualquer tentativa experimental objectiva para delimitar o como da minha relação ao mundo remete sempre para um como *já* instituído, anterior a qualquer reflexão predicativa e no qual assenta, precisamente, a relação explícita que mantenho com o mundo. Retomemos, por exemplo, a experiência de Wertheimer ([8]): um sujeito,

---

([8]) «Experimentelle Studien über das Sehen von Bewegung», citado por Merleau-Ponty in *Phénoménologie de la perception*, 287.

colocado num quarto, de tal modo que só vê este por intermédio de um espelho que o inclina 45° relativamente à vertical, percebe primeiro este quarto como oblíquo. Qualquer deslocação que nele se produza parece-lhe insólita: um homem que anda, parece inclinado, um corpo que cai, parece cair obliquamente, etc. Ao fim de alguns minutos (se, bem entendido, o sujeito procurar observar o comportamento apenas através do espelho), as paredes, o homem que se desloca, a queda do corpo, aparecem *direitos, verticais,* desaparecendo a impressão de obliquidade. Trata-se, aqui, de uma *redistribuição instantânea do alto e do baixo.* Pode-se dizer, em termos objectivistas, que a vertical *rodou*; mas tal expressão é errada, precisamente porque, para o sujeito, não é isso o que se passa. Que aconteceu, então? A imagem do quarto no espelho aparece-lhe, primeiro, como um espectáculo insólito: o próprio insólito é boa garantia de que se trata de um espectáculo, isto é, que o sujeito «não está em confronto com os utensílios que o quarto encerra, não o habita, não coabita com o homem que vê ir e vir». Ao fim de algum instantes, este mesmo sujeito sente-se apto a viver nesse quarto, «em vez dos seus braços e pernas verdadeiros, sente os braços e pernas que seria necessário possuir para andar e agir no quarto reflectido, habita o espectáculo» (ibid., 289). Isso significa, além do mais, que a direcção alto-baixo, que gere poderosamente a nossa relação com o mundo, não pode definir-se a partir do eixo de simetria do nosso corpo, concebido como organismo fisiológico e sistema de reacções objectivas; a prova reside em que o nosso corpo pode deslocar-se *relativamente* ao alto e ao baixo, que assim se mantêm *para mim* independentes da sua posição. Quer isso dizer que a verticalidade existe em si? Isso não seria menos errado, pois a experiência de Wertheimer, ou a de Stratton acerca da visão com inversão da imagem retiniana([9]), mostram, ao contrário, que se pode seguramente falar de direcções espaciais objectivas, mas não *absolutas*, e que esta impossibilidade é inevitável, na medida em que nos situamos *no interior da percepção*, do mesmo modo que, há instantes, só podíamos criticar a percepção da desigualdade dos segmentos, saindo da própria percepção. Mas a nova direcção espacial não surge como modificação da antiga; também na experiência de Stratton, o indivíduo munido de óculos inversores acaba por assentar numa direcção alto-baixo simultaneamente visual e táctil, que não mais é captada como inversa da vertical *ordinária*. Pelo contrário, a *nova* verticalidade é vivida como verticalidade, sem mais, isto é, com direcção objectiva do espaço.

Encontramos aqui presentemente a característica da *Gestalt*: não existe *em si*, isto é, não existe independentemente do indivíduo que nela pretende inserir a sua relação com o mundo; também não *é construída por mim*, no sentido simplista em que Condillac pretendia que a rosa era construída pelos dados dos diversos campos sensoriais. Não é absoluta, porque a experimentação prova que se pode fazer variar: é o caso, por exemplo, da clássica experiência acerca das oscilações da atenção (cruz de Malta negra inscrita num círculo cujo *fundo* é branco); não é puramente relativo ao Eu, porque nos dá um *Umwelt* objectivo. O que não se compreendia no associacionismo era, precisamente, como é que esta rosa, composta ao nível cortical e de modo imanente, podia ser captada, e o era de facto, como transcendente. Por conseguinte, o *Umwelt* em que nos estabelecemos pela percepção é efectivamente objectivo, transcendente, mas não absoluto, pois de certa maneira se pode dizer, com verdade, que esta objectividade nós lha conferimos *já*; mas conferimos-lha a um nível

---

([9]) Descritas e comentadas por Merleau-Ponty, ibid., 282 sq.

mais profundo que aquele a que nos aparece, a um nível primordial, no qual assenta a nossa relação com o mundo. Pode-se concluir que a teoria da forma procurou desvendar uma *Lebenswelt* fundamental, aquém do universo explícito e límpido em que nos fazem viver a atitude natural, bem como a atitude da ciência natural. Era precisamente essa a ambição do último Husserl. E Merleau-Ponty parece situar-se na mais rigorosa linha do pensamento fenomenológico, quando retoma os resultados da *Gestalttheorie* e os interpreta no sentido que indicámos. O simples facto de se ocupar do problema da percepção é disso sintoma: pois a percepção é aquilo por que estamos no mundo, ou aquilo por que *temos* um mundo, como quisermos, e constitui, por conseguinte, o núcleo de toda a compreensão filosófica e psicológica do homem. Também a *Gestalttheorie* está centrada essencialmente na percepção; por sua vez, o pensamento de Husserl voltava constantemente, como se sabe, ao problema da constituição da *coisa*. Esta convergência não é fortuita. Explica-se pela preocupação de radicalidade que, aquém do próprio comportamento tomado como relação do sujeito e do seu *Umwelt*, procura fundar-lhe a possibilidade numa relação ainda mais originária. É essencial que esta originalidade tenha sido procurada, quer pelos psicólogos da forma, quer pelos fenomenólogos, não apenas no que diz respeito ao organismo fisiológico, mas *no interior da própria relação*. Não se trata de buscar a sua explicação num dos pólos da relação, pois, afinal, é a própria relação que confere sentido aos dois pólos que une. Encontramos novamente, inerente ao conceito de *Gestalt*, a noção central da fenomenologia: a intencionalidade. Mas não está em questão, evidentemente, a intencionalidade de uma consciência transcendental: trata-se antes da de um *Leben*, como dizia Husserl, a intencionalidade de um sujeito profundamente embrenhado no mundo primordial. É por isso que Merleau-Ponty procura a sua fonte no próprio corpo.

5. O problema do corpo

Identificar sujeito transcendental e corpo, não será um regresso ao fisiologismo? Não se refaz deste modo o percurso de Watson? Não. Mas não deixa de ser verdade que certos psicólogos da forma se sentiram tentados pelo fisiologismo, só o evitando porque se transferiram para a posição vizinha, o *fisicismo*. Interrogando-se sobre as relações entre o campo fenomenal e o campo geográfico, Koffka mostra que um e outro se fundam no mundo físico e que a ciência física descobre nesse mundo fenómenos de forma (por exemplo, a distribuição da corrente eléctrica num condutor). Ora, se se procurar interpretar as causas das *Gestalten* psicológicas, isto é, explicar *porque* não é o campo geográfico que é percebido, mas o campo fenomenal, será efectivamente necessário, em última análise, reportar-se a *Gestalten* fisiológicas, nas quais reside o segredo desta *deformação*. É por causa das estruturas a que está submetida a nossa organização nervosa que as coisas são percebidas segundo certas constantes: a interposição destas constantes ou *Gestalten* entre o mundo e eu *traduz* a transformação que aos dados físicos faz sofrer o meu sistema fisiológico. À física das informações visuais corresponde, deste modo, uma fisiologia da sua captação, e a esta, por sua vez, uma psicologia da sua tradução. Necessário se torna, então, pôr como hipótese de trabalho o princípio de um *isomorfismo* que abra caminho a pesquisas *explicativas:* a simples descrição compreensiva da experiência vivida deve prolongar-se numa interpretação causal. Não se trata, evidentemente, de um paralelismo ultrapassado, sabemo-lo hoje da própria boca dos fisiólogos, o facto de ser impossível de a uma localização cortical fazer corresponder uma *representação* ou mesmo uma *função* bem delimitada. E sabemos, em contrapartida, que as áreas corticais são atingidas pelo influxo, segundo certas estruturas, e que, como ao nível psicológico, o importante não é tanto a incitação molecular, como a distribuição global do influxo, ou seja, a relação das áreas entre si e o equilíbrio ou desequilíbrio da carga do influxo. Os neurónios não funcionam como unidades, mas como partes de um todo, e não é possível explicar o comportamento fisiológico do todo a partir dos seus *elementos*. Estas estruturas reguladoras, que podem por sua vez compreender-se com base no modelo das regulações físicas (noção de campo de força, por exemplo), elucidam as estruturas que regulam o nível periférico, isto é, psíquico. Koffka, e depois dele Guillaume, aproximavam-se, assim, de uma behaviorismo estruturalista e não é por acaso que os vocabulários das duas escolas acabam por fundir-se.

Os fenomenólogos não podiam ficar contentes com tal fusão e é sobre este ponto exactamente que termina a concordância que davam aos psicólogos objectivistas. Com efeito, se se passa da *compreensão* das estruturas à *explicação* das estruturas, abandona-se aquilo que constituía o interesse do conceito de *Gestalt*, ou seja, que implica de algum modo uma intencionalidade e é indissociável de um *sentido*. Quando Koffka se orienta no sentido da explicação das estruturas psíquicas pela morfologia nervosa, *inverte de novo o verdadeiro problema psicológico*: pois a explicação, ainda que penetrante, dos fenómenos físico-químicos que *acompanham* a visão não pode justificar o próprio facto de ver. Se, como psicólogo, seguir, passo a passo, o percurso da *excitação* provocada na retina até ao *centro* visual, através da complexidade das agulhagens, em seguida a emissão do influxo para as zonas que permitem a acomodação, etc., por mais que o meu esquema seja tão adequado quanto possível aos factos, não poderá nunca explicar este facto fundamental: eu *vejo*: «Tomámos em consideração um olho morto no meio do mundo visível para explicar a visibilidade deste mundo. Como se admirar, depois, que a consciência, que é interioridade absoluta, recuse deixar-se ligar a este objecto?» (Sartre, *Être et néant*, 367). Por outras palavras, não há união possível entre o corpo *objectivo* estudado pelo fisiólogo e a *minha* consciência. A este nível, qualquer regresso à fisiologia, como para Watson ficou dito, reintroduz as contradições insuperáveis do problema clássico da união da alma e do corpo. Se a psicologia deve ser em primeira pessoa, não pode, no entanto, encarregar a fisiologia, ciência na terceira pessoa, da solução dos seus problemas.

Convém reconhecer, no entanto, que *a interioridade absoluta*, por meio da qual Sartre opõe a consciência ao corpo objectivo, não se encontra muito na linha fenomenológica: a interioridade remete-nos para a introspecção e faz-nos cair no dilema já um pouco gasto de uma subjectividade intransmissível e de um objectivismo que falha o seu objecto. Em todo o caso, há, na posição sartriana sobre este problema, que consideramos como a chave da tese fenomenológica em psicologia, uma tendência evidente para dissociar fortemente os dados fisiológicos da própria análise intencional. Assim, no *Imaginaire*, Sartre consagra uma primeira parte à descrição eidética pura da consciência figurativa e, reconhecendo que «a descrição reflexiva não nos informa directamente sobre a matéria representativa da imagem mental», passa, numa segunda parte, ao exame dos dados experimentais. Ora, acontece que estes necessitam uma revisão da descrição fenomenológica. Em *Esquisse d'une théorie des émotions*, as tentativas de Dembo, psicólogo da forma, para interpretar a cólera, por exemplo, em termos de meio, de campo fenomenal de forças e de equilíbrio de estruturas, são igualmente rejeitadas por Sartre, porque não são suficientes à intencionalidade da consciência constituinte. Por fim, em *L'Être et le néant*, o corpo próprio é ultrapassado como organismo fisiológico e apreendido como facticidade vivida, como objecto para outrem, mas também como o meio pelo qual *o meu interior mais recôndito* se exterioriza sob o olhar do outro: «o meu corpo está aí, não só como o ponto de vista que eu sou, mas como um ponto de vista sobre o qual são actualmente tomados pontos de vista que jamais poderei tomar; escapa-me em todos os sentidos» (*Être et néant*, 419). Se *me* escapa é porque há um Eu que não é ele. A dissociação da análise intencional e dos dados fisiológicos parece, então, pressupor uma dissociação, mais grave essa, pois é uma opção filosófica e de modo algum somente um erro metodológico entre consciência e corpo, ou antes, entre sujeito e objecto. A integração do corpo na subjectividade ou da subjectividade no corpo não consegue fazer-se em profundidade em Sartre, que segue muito mais o Husserl transcendentalista que o do terceiro período: é o mesmo Husserl que rejeitava as teses da *Gestaltpsychologie*, embora esta se apoiasse nele, pois, em seu entender, a noção objectiva de estrutura em caso algum podia servir para descrever a subjectividade transcendental. É evidente que a noção de *síntese passiva* está completamente ausente da psicologia e filosofia sartrianas, que sem dúvida lhe reprovariam o facto de *pôr o espírito nas coisas*, como, por outro motivo, Sartre atribui ao marxismo.

6. Fenomenologia e fisiologia

Em compensação, a psicologia fenomenológica de Merleau-Ponty aceita o debate, mesmo a nível psicológico, como pode ver-se a partir da *Structure du comportement*. A própria noção de significação é secundária e exige ser fundamentada num contacto mais originário com o mundo: «o que estabelece a diferença entre a *Gestalt* do círculo e a significação círculo é o facto de a segunda ser reconhecida, por um entendimento que a engendra, como lugar dos pontos equidistantes de um centro e a primeira, por um sujeito familiarizado com o seu mundo e capaz de a captar como um modulação desse mundo, como uma fisionomia circular» (*Phéno. perc.*, 491). Por conseguinte, «a significação não constitui a referência psicológica última, é ela própria constituída». E o papel da psicologia da percepção, por exemplo, consiste em saber como é constituída a coisa, enquanto significação. É evidente que a coisa é corrente de *Abschattungen*, como dizia Husserl; mas, acrescentava, tal corrente é unificada na unidade de uma percepção. Ora, donde vem esta unidade, isto é, o sentido que esta coisa é para mim? De uma consciência constituinte? «Mas quando compreendo uma coisa, um quadro por exemplo, não opero actualmente a sua síntese: venho ao seu encontro com os meus campos sensoriais, o meu campo perceptivo, e, finalmente, com uma típica de todo o ser possível, uma montagem universal acerca do mundo... O sujeito já não (deve) ser compreendido como actividade sintética, mas como *ek-stase*, e qualquer operação activa de significado ou de *Sinngebung* aparece como derivada e secundária, relativamente a esta pregnância da significação nos sinais que poderia definir o mundo» (*Phéno. perc.*, 490). A *Phénoménologie de la perception* é uma penetrante e séria descrição desta *montagem universal acerca do mundo*. O método utilizado é muito diferente do de Sartre. É uma retomada, ponto por ponto, dos dados experimentais e, sobretudo, dos dados clínicos da patologia nervosa e mental. No entender do próprio autor, este método mais não

faz que prolongar o que Goldstein utiliza na *Structure de l'organisme*.
Consideremos o caso da afasia ([10]). É classicamente definida pela carência total ou parcial de determinada função da linguagem: carência da recepção da linguagem falada ou escrita (surdez ou cegueira verbais), carência da acção de falar ou de escrever, não sendo esta carência resultado de alguma perturbação receptora ou motora periférica. Tentou-se ligar estas quatro funções respectivamente a centros corticais e *explicar* este comportamento psicopatológico na base da fisiologia nervosa central. Goldstein mostra que estas tentativas são necessariamente inúteis, porque admitem sem crítica a quadripartição da linguagem, a título de hipótese de trabalho; ora, estas categorias (falar, escrever, etc.) são as do uso corrente e não têm qualquer valor intrínseco. O médico, quando estuda o síndroma na perspectiva dessas categorias, não se deixa guiar pelos *próprios fenómenos*, mas reveste os sintomas de uma anatomia preconceituosa e decalcada sobre a *anatomia psicológica* que o senso comum insinua sob o comportamento. Faz fisiologia em função de uma concepção psicológica e nem mesmo esta é elaborada com seriedade. Efectivamente, se prosseguirmos com o exame dos sintomas da afasia, conclui-se que o afásico não é um afásico puro e simples. Sabe, por exemplo, designar a cor vermelha por intermédio de um morango, embora não saiba designar as cores em geral. Em suma, sabe usar de uma linguagem já feita: a que nos faz transitar, sem mediação e sem meditação, de uma *ideia* a outra; mas, quando, para falar, é necessário utilizar cate-

---

([10]) Goldstein, «Analyse de l'aphasie et essence du langage», *Journal de psychologie*, 1933. Para as relações da psicopatologia com a fenomenologia, ver os trabalhos de BINSWANGER, JASPERS e MINKOWSKI, citado em *Phénoménologie de la perception*, bibliografia.

gorias mediadoras, então o afásico é verdadeiramente afásico. Não é, portanto, o complexo sonoro que a palavra constitui que falta na afasia, mas o uso do nível categorial. Pode-se, então, definir como degradação da linguagem e queda no nível automático. O doente não compreende, também, nem retém uma história, ainda que curta; apreende, apenas, a sua situação actual e qualquer situação imaginária se lhe apresenta sem significação. Por isso, Merleau-Ponty, retomando as análises de Gelb e de Goldstein, distingue, em conclusão, uma *palavra falante e uma palavra falada*: carece o afásico da produtividade da linguagem.

Não procuramos aqui uma definição da linguagem, mas a expressão de um novo método: a Stein, que declarava que uma fisiologia séria se deve fazer em termos objectivos, por medidas de cronaxia, etc., respondia Goldstein que essa investigação físico-química não é menos *teórica* do que a sua abordagem psicológica. De qualquer modo, trata-se de reconstituir a *dinâmica do comportamento* e como, de qualquer modo, há reconstituição e não coincidência pura e simples com o comportamento estudado, devem utilizar-se todas as abordagens convergentes. Por conseguinte, não se encontra aqui uma condenação dos métodos causais; importa «seguir no seu desenvolvimento científico a explicação causal, para lhe determinar o sentido e remetê-la ao seu verdadeiro lugar no conjunto da verdade. É por essa razão que não se encontrará aqui qualquer «refutação», mas um esforço para compreender as dificuldades próprias do pensamento causal» (*Phéno. perc.*, 13, nota). Os ataques contra o objectivismo, que se encontram, por exemplo, no livro de Jeanson (*La phénoménologie*, Téqui, 1951), e a redução da fenomenologia a um *método de subjectivação* (ibid., p. 113) parecem-nos ser desmentidos pela inspiração de todo o pensamento fenomenológico, a começar pelo de Husserl, que visa *a superação* da alternativa objectivo-subjectivo. Em psicologia, tal superação consegue-se, como método, pela retomada descritiva e compreensiva dos dados causais e, como *doutrina*, pelo conceito de pré-objectivo (*Lebenswelt*) ([11]). Notar-se-á, também, o abandono dos processos indutivos, tal como estão tradicionalmente estabelecidos pela lógica empirista: retomaremos este ponto capital a propósito da sociologia. Mas, também aqui, o método preconizado e utilizado por Goldstein satisfaz totalmente os requisitos da fenomenologia.

7. Fenomenologia e psicanálise

As relações da fenomenologia com a psicanálise são ambíguas. Sartre, nas páginas de *L'Être et le néant* em que define a sua psicanálise existencial (pp. 655-663), faz essencialmente duas críticas à psicanálise freudiana: é *objectivista* e *causalista*, utiliza o conceito incompreensível de *inconsciente*. *Objectivista*, Freud postula, na base do acontecimento traumático e, portanto, de toda a história das nevroses, uma *natureza*, a *libido; causalista*, admite uma acção mecânica do meio social sobre o sujeito, a partir da qual elabora, por exemplo, uma simbólica *geral* que permite desvendar o sentido latente de um sonho sob o seu sentido manifesto e, isso, independentemente do sujeito (do «conjunto significante», diz Sartre). E, por último, como é que o sentido de uma nevrose, sendo *inconsciente*, pode ser reconhecido no momento em que o doente, ajudado pelo analista, compreende por que está doente? Mais radicalmente ainda, como é que algo inconsciente poderia ter

---

([11]) O uso simultâneo dos dados experimentais e da análise intencional não significa eclectismo e muito menos comodidade de método.

um sentido, dado que a fonte de todo o sentido é a consciência? Na realidade, há uma consciência das tendências profundas, «melhor, tais tendências não se distinguem da consciência» (662). As noções psicanalíticas de resistência, de recalcamento, etc., implicam que o *id* não é verdadeiramente uma coisa, uma natureza (*libido*), mas o próprio sujeito em sua totalidade. A consciência discerne a tendência para recalcar da tendência neutra; pretende então não ser consciência daquela, é má-fé: uma «arte de formar conceitos contraditórios, isto é, que unem em si uma ideia e a negação dessa ideia» (95).

Se Merleau-Ponty não retoma esta última crítica na *Phénoménologie de la perception* (o corpo como ser sexuado, pp. 180-198), isso não acontece por acaso. Ter-se-á reparado que a descrição sartriana da má-fé faz intervir uma consciência *conceptual*: com Sartre situamo-nos sempre ao nível de uma consciência transcendental pura. Ao contrário, Merleau-Ponty procura desvendar as sínteses passivas onde a consciência bebe as suas significações. «A psicanálise existencial», escreve, «não deve servir de pretexto a uma restauração do espiritualismo.» E mais adiante acrescenta (436): «A ideia de uma consciência que fosse transparente para si própria e cuja existência se resumisse à consciência que possui de existir, não é lá muito diferente da noção de inconsciente: trata-se, em ambos os casos, da mesma ilusão retrospectiva; introduzem em mim, a título de objecto explícito, tudo o que com a continuação poderia aprender de mim mesmo.»

O dilema do *id* e da consciência clara é, portanto, um falso dilema. Não existe inconsciente, dado que a consciência está sempre presente àquilo de que é consciência, o sonho não é a oficina de imagens de um *id* que desenvolveria, graças ao sono da minha consciência, o seu próprio drama mascarado. É, de facto, o mesmo Eu que sonha e se recorda de haver sonhado. O sonho é, então, uma permissão, que concedo às minhas pulsões, em completa má--fé, se sei aquilo que sonho? Nada disso. Quando sonho, instalo-me na sexualidade, *a sexualidade é a atmosfera geral do sonho*, de modo que a significação sexual do sonho não pode ser *tematizada* por falta de referência não sexual a que possa ligá-la. O simbolismo do sonho só é simbolismo para o homem acordado. Este capta a incoerência da narrativa do seu sonho e procura relacioná-la simbolicamente com um sentido latente. Mas, quando sonhava, a situação onírica era imediatamente significativa, não incoerente, mas também não identificada como situação sexual. Dizer com Freud que a *lógica* do sonho obedece ao princípio do prazer, é dizer que, desligada do real, a consciência vive o sexual sem o situar, sem poder distanciá-lo ou identificá-lo – do mesmo modo que «para o amante que o vive, o amor não é um nome, não é uma coisa que se possa designar, não é o mesmo amor de que falam os livros e jornais, mas uma significação existencial» (437). Aquilo que Freud denominava inconsciente é afinal uma consciência que não consegue captar-se a si própria como especificada; encontro-me *cercado* numa situação e só me compreendo como tal na medida em que dela saí, na medida em que me encontro numa outra situação. Só esta transplantação da consciência permite compreender intimamente a cura psicanalítica, pois é apoiando-me na situação presente, e em especial na relação vivida com o analista (*transfert*), que posso identificar a situação traumática passada, dar-lhe um nome e, por fim, livrar-me dela.

Tal revisão da noção de inconsciente supõe, evidentemente, o abandono da concepção determinista do comportamento e em particular do sexual. E impossível isolar no íntimo do indivíduo pulsões sexuais que integrassem e estimulassem as suas condutas como causas. E o próprio

Freud, ao generalizar o sexual muito para além do genital, sabia não ser possível estabelecer, num comportamento dado, o que pertencia às motivações *sexuais* e às *não sexuais*. O sexual não existe em si. É um sentido que dou à minha vida e, «se a história sexual de um homem fornece a chave da sua vida, é porque na sexualidade do homem se projecta à sua maneira de ser em relação ao mundo, ou seja, em relação ao tempo e aos outros homens» (185). Não há, portanto, causação do comportamento pelo sexual, mas *osmose* entre a sexualidade e a existência. Porque a sexualidade está constantemente presente à vida humana como uma «atmosfera ambígua» (197) ([12]).

([12]) No Prefácio que Merleau-Ponty escreveu para a obra do Dr. Hesnard, *L'Oeuvre de Freud*, Payot, 1960, encontrar-se-á uma nova tematização da *consonância* entre psicanálise e fenomenologia: a sua ideia central consiste em afirmar que a fenomenologia não é uma *filosofia da consciência* clara, mas a actualização contínua e impossível de um *Ser onírico, por definição escondido*; apesar de que, no que lhe diz respeito, a psicanálise deixa, graças, sobretudo, aos trabalhos do Dr. Lacan, de ser incompreendida na qualidade de psicologia do inconsciente: tenta articular «esse intemporal, esse indestrutível em nós, que é, diz Freud, o próprio inconsciente».

III. Fenomenologia e Sociologia

1. A explicação

Antes de abordar os problemas especificamente sociológicos, podemos desde já extrair das considerações precedentes uma conclusão essencial ao método nas ciências humanas. A ciência experimental em geral procura estabelecer relações constantes entre fenómenos. A fim de estabelecer que a relação visada é constante, torna-se indispensável multiplicar as observações e as experimentações em que aparecem ou podem aparecer os termos a pôr em relação. Deste modo se encontram legitimados os processos tradicionais descritos por Claude Bernard e Mill. Quando a correlação entre os dois termos é atestada por uma frequência satisfatória, admite-se que os dois termos estão ligados de modo constante *ceteris paribus*, isto é, reunidas certas condições. A pesquisa estende-se, então, a uma constelação de factores em cujo seio se pode verificar a constante. A epistemologia é assim conduzida a abandonar a categoria de causa e a ideia correspondente de encadeamento linear; substitui-as pelo conceito mais flexível de conjunto de condições ou de condicionamento e pela ideia de um determinismo em rede. Mas esta evolução não altera o objectivo da ciência experimental: a explicação. A lei, ou relação constante entre um conjunto de condições e um efeito, não é explicativa por si mesma, pois só responde à pergunta *como*, e não à pergunta *porquê;* a teoria, elaborada com base na infra-estrutura de um conjunto de leis respeitantes ao mesmo sector da natureza, visa extrair a sua *razão* comum. É apenas então que o espírito se pode dar por satisfeito, porque detém a explicação de todos os fenófenos subsumidos na teoria por intermédio das leis. A tentativa explicativa passaria, então, necessariamente por uma indução: esta, a dar crédito à metodologia empirista, consistiria em concluir da observação dos factos uma relação constante de sucessão ou de simultaneidade entre alguns deles. A constante relativa à observação seria em seguida universalizada como constante absoluta, até que a observação eventualmente a desmentisse.

Aplicado às ciências humanas, este método de pesquisa não apresenta, à primeira vista, qualquer dificuldade particular. Pode mesmo dizer-se que oferece garantias de objectividade. Por isso, Durkheim, propondo-se tratar os factos sociais *como* coisas, procurava elaborar um método explicativo em sociologia: em *Les regles de la méthode sociologique* tratava-se explicitamente de estabelecer relações constantes entre a *instituição* estudada e o *meio social interno,* também ele definido em termos de física (densidade, volume). Durkheim mostrava-se deste modo fiel ao programa comtiano da *física social* e fazia enveredar a sociologia pelo uso predominante da estatística comparada. Tratava-se, com efeito, de pôr uma determinada instituição em relação com diversos sectores do mesmo meio social ou com diversos meios sociais e de extrair, por meio do estudo detalhado das correlações assim estabelecidas, constantes para o condicionamento desta instituição. Podíamos, então, universalizando até nova ordem, escrever leis de estrutura social. Com certeza que não se pode reduzir Durkheim a esta sociologia estática; ele próprio faz uso da explicação genética ou histórica, no seu estudo acerca da família, por exemplo. Na *Revue de métaphysique et de morale*, de 1937, fazia um ponto da situação nos termos do qual distinguia o problema da génese das instituições (*quais foram as causas que as fizeram surgir*) e o problema do seu funcionamento (*quais os fins úteis que realizam, a maneira como funcionam na sociedade, isto é, como são aplicadas pelos indivíduos*). A sociologia empreende esta dupla pesquisa, apoiando-se, para o segundo ponto, na estatística e, para o primeiro, na história e na etnografia comparada ([13]). Não é menos certo que a tarefa sociológica se mantém exclusivamente explicativa, simultaneamente no sentido longitudinal (génese) e transversal (meio). O determinismo é em rede, mas trata-se sempre de determinismo.

Atitude metodológica sensivelmente paralela poderia encontrar-se em psicologia com os objectivistas ([14]).

2. *A compreensão*

Contra esta descrição da ciência, invocava Husserl, no mesmo sentido que alguns racionalistas como Brunschvicg, a insuficiência essencial da indução. Na realidade, a hipótese de constância que o empirismo *crê encontrar* no final das observações é *construída* pelo espírito, eventualmente na base de uma única observação. De um grande número

---

([13]) Ver G. Davy, «L'Explication sociologique et le recours à l'histoire d'après Comte, Mill et Durkheim», *R.M.M.*, 1949.

([14]) Ver, por exemplo, Guillaume, *Introduction à la psychologie*, Vrin, 1946.

de *casos* não se pode induzir uma lei; esta é uma *ficção idealizante* fabricada pelo físico e que retira o seu poder explicativo, não do número dos factos sobre que foi construída, mas da claridade que projecta sobre os factos. Esta ficção será, bem entendido, submetida em seguida à prova da experimentação, mas continua de pé que a indução e o tratamento estatístico não podem, só por si, resumir todo o processo científico: este exprime um trabalho criador do espírito. Na *Krisis*, Husserl acentuava que já Galileu tinha estabelecido uma *eidética* da coisa física e que não se pode obter a lei da queda dos corpos induzindo o universal a partir do diverso da experiência, mas apenas pelo *olhar* que constitui a essência de corpo material (*Wesenschau*). Não há ciência que não comece por estabelecer uma rede de essências, obtidas por variações imaginárias e confirmadas por variações reais (experimentação). Depois de se ter oposto à indução das ciências empíricas, Husserl acabava por fazer da fenomenologia eidética um momento do conhecimento natural. É, portanto, uma falsificação do método físico, e não este método, que os objectivistas, que na realidade são cientistas, tentam introduzir nas ciências humanas. Importa dissociar uma certa lógica da ciência, colocada em lugar de destaque pelo empirismo e o positivismo, e a prática científica efectivamente vivida, que convém primeiro descrever rigorosamente. A atitude durkheimiana, por exemplo, está imbuída dos preconceitos comtianos; pois, se se pretende estudar a existência de uma instituição num grupo determinado, a sua génese histórica e a sua função actual no meio não a explicam por si sós. É indispensável definir o *que* é esta instituição. Por exemplo nas *Formes élémentaires de la vie religieuse*, Durkheim assimila vida religiosa e experiência do sagrado; mostra que o próprio sagrado tem origem no totemismo e que o totemismo é uma sublimação do social.

Mas constitui efectivamente a experiência do sagrado a essência da vida religiosa? Não é possível conceber (por variações imaginárias) uma religião que não se apoiasse em tal prática do sagrado? E, finalmente, que significa o próprio sagrado? A constituição da essência deve corrigir constantemente a observação, caso contrário, os resultados desta são cegos e destituídos de valor *científico*.

Por outro lado, a preocupação objectivista nas ciências humanas esconde inevitavelmente ao sábio a natureza daquilo que estuda. É, em suma, um preconceito e não é por acaso que Merleau-Ponty, no *Cours* já citado, denuncia a existência em Guillaume de pressupostos *filosóficos*. É preciso *ir às próprias coisas*, descrevê-las correctamente e elaborar, com base nessa descrição, uma interpretação do seu *sentido*; é a única objectividade verdadeira. Tratar o homem como uma coisa, seja na qualidade de psicólogo ou de sociólogo, é afirmar *a priori* que o pretenso método natural vale igualmente para os fenómenos físicos e os fenómenos humanos. Ora, não podemos ajuizar previamente a este respeito. Se, como ainda há pouco Husserl nos convidava, procurarmos descrever os processos das ciências humanas, descobriremos, no próprio coração da interrogação que o psicólogo ou o sociólogo lança ao psíquico ou ao social, a tese de uma modalidade absolutamente original: a significação do comportamento estudado, individual ou colectivo. Esta *posição do sentido* é em geral omitida na descrição dos métodos, sobretudo quando se trata de métodos objectivistas. Consiste em admitir imediatamente que este comportamento *quer dizer* alguma coisa, ou ainda, que exprime uma intencionalidade. O que distingue, por exemplo, o objecto natural do objecto cultural (uma pedra e uma caneta) é que neste se encontra cristalizada uma intenção utilitária, ao passo que aquela nada exprime. É claro que o caso do objecto cultural é relativamente privilegiado, precisamente porque se trata de uma configuração material *destinada explicitamente* a satisfazer uma necessidade: é o resultado do trabalho, isto é, da imposição de uma forma premeditada a uma matéria. Mas, quando nos encontramos perante um sílex da Pedra Polida ou perante um altar fenício, não descortinamos logo à primeira o destino destes objectos, interrogamo-nos sobre qual seja esse destino. Continuamos, no entanto, a admitir que existe um destino, um fim, que há significação nos fenómenos humanos, mesmo e, talvez, sobretudo se não compreendemos imediatamente qual seja essa significação. O que precedentemente dissemos acerca da afasia implicava tal tese: tratava-se, em suma, de mostrar, a partir da observação correctamente descrita, que o comportamento afásico é realmente um comportamento, isto é, que encerra um sentido. E o problema psicopatológico não consistia mais em estabelecer apenas relações de condições que caracterizassem o síndroma afásico, mas em recaptar o conjunto dessas condições na unidade do comportamento afásico, *compreendendo* a significação profunda e, se tal se pode dizer, anteconsciencial de tal comportamento. Nunca abordamos um fenómeno humano, isto é, um comportamento, sem lhe dirigir a pergunta: o que significa? E o verdadeiro método das ciências humanas não consiste em reduzir este comportamento, com o sentido que encerra, às suas condições e anulá-lo nelas, mas em responder por fim a essa pergunta, utilizando os dados de condicionamento explicitados pelos métodos objectivos. Explicar verdadeiramente, nas ciências humanas, é fazer compreender.

O objectivismo finge que uma captação puramente *exterior* do comportamento individual ou colectivo é não só possível, mas desejável. Convém, acentua, desconfiar das interpretações espontâneas com que cercamos o comportamento observado. E é claro que a compreensão imediata que temos de tal jovem arrancada do seu cantinho, como se costuma dizer, num baile ou num jogo, não oferece garantia de verdade. Tais tipos de compreensão *evidente* e espontânea resultam na verdade de sedimentações complexas da nossa história pessoal e da história da nossa cultura; por outras palavras, torna-se necessário fazer a sociologia e a psicologia do observador para compreender a sua compreensão. Mas não é razão para, de um mesmo golpe, liquidar toda a compreensão e para alinhar na reivindicação durkheimiana: suprime o problema, mas não o resolve. Entre o subjectivismo simplista, que equivale a arrumar toda a ciência social ou psicológica, e o objectivismo brutal, cujas leis falham afinal o objectivo, há lugar para uma *retomada* dos dados explicativos que procuraria exprimir a sua unidade de significação latente. Freud tinha compreendido isso. O cerne do sentido não se atinge logo à primeira: era precisamente isso que os fenomenólogos punham em destaque, quando, de acordo com o objectivismo, criticavam a introspecção. Mas, quando J. Monnerot, por exemplo, fazendo profissão de fenomenologia, escreve que «a compreensão é evidência imediata, a explicação é justificação tardia da presença de um fenómeno pela existência hipotética doutros fenómenos» (*Les faits sociaux ne sont pas des choses*, p. 43), compara evidentemente duas atitudes incomparáveis, pois a compreensão, enquanto apreensão evidente e imediata do sentido do gesto pelo qual o magarefe lança a carne na balança, não pode servir lá muito a sociologia; pelo contrário, prejudica-a, como o sentido manifesto de um sonho esconde ao analista, tanto como traduz, o seu sentido latente. Uma sociologia compreensiva não pode usar daquela compreensão. Todo o livro de Monnerot é um vasto contrasenso acerca da palavra *compreender*, como é manifesto quando se trata de precisar de que é feita essa *sociologia compreensiva*. Aniquila-se

Durkheim (não sem ingenuidade, aliás), mas substitui-se por quê? Tivemos já ocasião de observar que a doença infantil da fenomenologia é um certo subjectivismo. Há, sem dúvida, que fazer uma sociologia desta doença.

3. O social originário, fundamento da compreensão

Este desvio metodológico conduz-nos directamente ao centro do problema sociológico propriamente dito, pelo menos tal como a fenomenologia o apresenta. Este problema, antes de ser um problema de método, é um problema de ontologia: só uma definição eidética adequada do social permite uma abordagem experimental fecunda. Isso não significa, como referimos já em outras ocasiões, que seja benéfico elaborar *a priori* uma *teoria* do social, ou forçar os dados científicos ao ponto de exprimirem conclusões concordes com a eidética. Na realidade, esta eidética indispensável deve construir-se no decurso da exploração dos próprios factos, e também na sua continuação. É uma crítica, mas, como dizia Husserl, toda a crítica revela já a sua outra face, a sua positividade.

Ora a compreensão, intrínseca a todo o saber antropológico e da qual acabámos de falar, exprime a minha relação fundamental com o outro. Por outras palavras, toda a antropologia reflecte a existência de um sentido daquilo que estuda. Tal sentido não se reduz a uma função de utilidade, por exemplo, e só pode ser correctamente identificado caso seja referido ao homem ou aos homens estudados. Está, portanto, implícito em toda a ciência humana o *postulado* da compreensibilidade do homem pelo homem; por conseguinte, a relação do observador ao observado, nas ciências humanas, é um caso da relação do homem ao homem, de mim a ti. Então, toda a antropologia, e em especial a sociologia, contém em si uma socialidade originária, se se entender por isso essa relação por meio da qual os sujeitos se dão mutuamente. Esta socialidade originária, enquanto terreno de todo o saber antropológico, carece de uma explicação, cujos resultados poderão posteriormente retomar-se a fim de esclarecer a própria ciência social. *O social já lá está*, quando o conhecemos ou julgamos... Antes da tomada de consciência, o social existe surdamente e como solicitação (*Phéno. perc.*, 415). Recordemos a elaboração teórica do problema do outro, já esboçado a propósito de Husserl ([15]): como se explica que não perceba o outro como um objecto, mas como um *alter ego*? A hipótese clássica do raciocínio analógico pressupõe aquilo que devia explicar, como mostra Scheller (*Essence et forme de la sympathie*), discípulo de Husserl. Porque a projecção sobre as condutas do outro das vivências correspondentes para mim às mesmas condutas implica, por um lado, que o outro seja apreendido como *ego*, isto é, como sujeito apto a experimentar vivências para si, e, por outro lado, que eu próprio me apreenda como visto *de fora*, isto é, como um outro para um *alter ego*, pois essas *condutas* a que assimilo as do outro que observo, como sujeito, apenas posso vivê-las, e não apreendê-las do exterior. Existe, pois, uma condição para que a compreensão do outro seja possível: é que eu não seja para mim mesmo uma pura transparência. Este ponto ficou assente a propósito do corpo ([16]). Com efeito, se nos obstinarmos em situar a relação com o outro ao nível das consciências transcendentais, torna-se claro que só um jogo de destituição ou de degradação recíproca se pode instituir entre estas consciências constituintes. A análise sartriana do para-o-outro, que é feita

---

([15]) Ver atrás, pp. 41 sq.
([16]) Ver atrás, pp. 77 sq.

essencialmente em termos de consciência, detém-se inevitavelmente naquilo que Merleau-Ponty chama o *ridículo de um solipsismo a vários*. «O outro», escreve Sartre, «como olhar é apenas isso, a minha transcendência transcendida» (*L'Étre et le néant*, 321). A presença do outro traduz-se no meu pudor, na minha arrogância, no meu medo, e as minhas relações com o outro só podem ser de tipo demissionário: amor, linguagem, masoquismo, indiferença, desejo, ódio, sadismo. Mas a correcção que Merleau-Ponty introduz nesta interpretação reorienta-nos na problemática do outro: «na verdade, o olhar do outro só nos transforma em objecto se ambos nos retirarmos para o fundo da nossa natureza pensante, se ambos adoptamos um olhar inumano, se cada um sente as suas acções, não retomadas e compreendidas, mas observadas como as de um insecto» (*Phéno. perc.*, 414). É preciso descer abaixo do *pensamento* do outro e reencontrar a possibilidade de uma relação originária de compreensão; nem isso, os próprios sentimentos de solidão e conceito de solipsismo deixarão de ter qualquer sentido para nós. Devemos, por consequência, descobrir, anteriormente a qualquer separação, uma coexistência do Eu e do outro num *mundo* inter-subjectivo; neste terreno ganha sentido o próprio social.

É precisamente isso que nos ensina a psicologia da criança, que é já uma sociologia. A partir dos seis meses desenvolve-se a experiência do próprio corpo da criança. Wallon nota, em conclusão das suas observações, ser impossível às crianças distinguir um conhecimento interoceptivo (cenestésico) do seu corpo e um conhecimento *do exterior* (por exemplo, através da imagem num espelho ou imagem especular); o visual e o interoceptivo são indistintos, há um *transitivismo* por meio do qual a criança se identifica com a imagem do espelho: a criança acredita simultaneamente que está no lugar onde se sente e no lugar onde se vê. Do mesmo modo, quando se trata do corpo do outro, a criança identifica-se com o outro: *ego* e *alter ego* são indistintos. Wallon caracteriza este período pela expressão *sociabilidade incontinente*, e Merleau-Ponty, retomando-o e prolongando-o ([17]), pela de sociabilidade sincrética. Esta indistinção, esta experiência de um intermundo onde não existem perspectivas egológicas, exprime-se na própria linguagem, muito depois de se ter operado a redução da imagem especular a uma *imagem* sem realidade. «As primeiras palavras-frases da criança visam condutas e acções pertencentes, quer a outro, quer a si própria» (ibid.). A apreensão da sua própria subjectividade como perspectiva absolutamente original só aparece mais tarde e, em todo o caso, o Eu só é utilizado quando a criança compreendeu *que o tu e o te podem dirigir-se, tanto a si mesmo, como ao outro*, e que todos podem dizer «eu» (observação de Guillaume). Por altura da crise dos três anos, Wallon nota um certo número de comportamentos que caracterizam a superação do *transitivismo*: vontade de agir *sozinho*, inibição sob o olhar do outro, egocentrismo, duplicidade, atitudes de transacção (em especial no dom e roubo dos brinquedos). Wallon mostra que, no entanto, o transitivismo não foi suprimido e se prolonga para aquém desta distanciação do outro. É por isso que Merleau-Ponty se opõe à tese de Piaget, segundo a qual, por volta dos doze anos, a criança realizaria «o *cogito* e encontraria as verdades do racionalismo». «Torna-se necessário que as crianças tenham de qualquer modo razão contra os adultos e contra Piaget, e que os pensamentos bárbaros da primeira idade se mantenham como uma aquisição indispensável sob os da idade adulta, se deve existir para o adulto um mundo único e

---

([17]) «Les relations avec autrui chez l'enfant», curso de 1950-51, *Bulletin de psychologie*, Nov., 1964.

inter-subjectivo» (*Phéno. perc.*, 488). Merleau-Ponty mostra que, com efeito, o amor, por exemplo, constitui uma expressão deste estado de indivisão com o outro, e que o transitivismo não é abolido no adulto, pelo menos na ordem dos sentimentos. Verifica-se deste modo a diferença com as conclusões de Sartre. «A essência das relações entre consciências não é *Mitsein*, é o conflito», escrevia o autor de *L'Être et le néant* (502). Uma análise fenomenológica parece mostrar, ao contrário, na base das ciências humanas, que a ambiguidade da relação com o outro, tal como a apresentámos a título de problema teórico, ganha *sentido* numa *génese* do outro para mim: os sentidos do outro para mim são sedimentados numa história que de início não é a minha, mas uma história a vários, uma transitividade, e onde o meu ponto de vista se separa lentamente (através do conflito, evidentemente) do intermundo originário. Se há social para mim, é porque sou originariamente social e, se sei que compreendo ou tenho de compreender as significações que inevitavelmente projecto nas condutas do outro, é porque o outro e eu estamos e continuaremos compreendidos numa rede única de condutas e num fluxo comum de intencionalidades ([18]).

([18]) É claro que a investigação ao nível da psicologia da criança e a retomada dos resultados por Merleau-Ponty apontam na mesma direcção que a reflexão heideggeriana acerca do *Mitsein*, criticada por Sartre (*Être et néant*, 303, sq). Mas pode-se fazer sua a crítica pela qual Sartre qualifica de afirmação sem fundamento a tese heideggeriana, acrescentando que *é precisamente esta coexistência que importaria explicar*. Pela retomada dos dados experimentais, o *Mitsein* é, *senão explicado*, o que aliás não é pensável em antropologia, ao menos *explicitado*, desvendado e desenvolvido no seu sentido originário. Ter-se-á prestado atenção ao facto de que esta originalidade era simultaneamente genética e ôntica.

4. Fenomenologia e Sociologia

Não poderia, então, pôr-se a questão de definir o social como objecto. «É tão falso colocarmo-nos na sociedade como um objecto no meio de outros objectos, como introduzir a sociedade em nós como objecto de pensamento; em ambos os casos, o erro consiste em tratar o social como um objecto» (ibid., 415). Monnerot anuncia em grandes parangonas que *não há sociedade*. E isso é verdade, na medida em que não é uma realidade na mesma qualidade que o indivíduo e, atentando bem, a ideia não é nova. Mas, daí a diluir os factos sociais nos comportamentos individuais e a vazar o sociologismo durkheimiano na *psicologia social* pura e simples, vai apenas um passo, que muitos sociólogos modernos transpõem, aparentemente pouco conscientes da sua gravidade. Porque o social já não é reduzido apenas a uma representação individual, mas um social para mim e à minha medida; e a investigação sociológica dirige-se, não às modalidades reais do *Mitsein*, mas ao que dessas modalidades pensam as individualidades sondadas. Encontrar-se-iam mil exemplos desta deslocação na sociologia contemporânea; retenhamos o das investigações de Warners ou de Centers sobre as classes sociais ([19]). Deste modo são escamoteados ou problemas sociológicos; é neste sentido que se inclinam as observações de Monnerot, cuja solidez teórica não pode ser demasiado questionada. Que sociologia propõe, então, a fenomenologia?

Uma vez mais, não propõe *uma* sociologia ([20]). Propõe um reexame, uma reinterpretação crítica e construtiva das

---

([19]) Ver um bom estudo crítico de A. Touraine, «Classe sociale et statut socio-économique», *Cahiers internationaux de sociologie*, XI, 1951.

([20]) Pode-se, evidentemente, falar de uma *escola fenomenológica* em sociologia; Scheller, Vierkandt, Litt, Schütz, Geiger, seriam os seus representantes. (Ver por exemplo Cuvillier, *Manuel de sociologie*, investigações sociológicas. Não existe uma sociologia fenomenológica: há uma filosofia que «não fala, como a sociologia, apenas do mundo, dos homens e do espírito» (Merleau-Ponty, «Le philosophe et la sociologie», *Signes*, p. 138). Esta filosofia distingue-se de toda a sociologia, porque não objectiva o seu objecto, antes visa *compreendê-lo* ao nível desse transitivismo que a ciência da criança revelou. Não há dúvida de que esta tarefa não é fácil, quando se trata de sociedades arcaicas: a análise intencional revela aqui, não algo como o nosso mundo, mas um mundo cujas estruturas profundas nos escapam. Não se pode, no entanto, afirmar a sua incompreensibilidade, pois o próprio Lévy-Bruhl, que de início o fizera, renuncia a tal nos seus *Carnets* póstumos. Quanto a Husserl, em 1935 escrevia a esse mesmo Lévy-Bruhl, a respeito da *Mythologie primitive*: «é uma tarefa possível e de enorme importância, é uma grande tarefa projectar-nos numa humanidade fechada sobre a sua socialidade viva e tradicional e compreendê-la na medida em que, na sua vida social total e a partir dela, esta humanidade possui o mundo, que para ela não é uma 'representação do mundo', mas o mundo que para ela é real» (citado por Merleau-Ponty, ibid., p. 135). Deve-se igualmente acompanhar a direcção da interpretação que Claude Lefort[21] apresenta do célebre trabalho de Mauss

---

I, p. 49 sq., 162 sq., e bibliografias.) Na verdade, todos os ataques dirigidos contra estas tentativas, mais *filosóficas* que sociológicas, são no fundamental justificadas. Quando Mauss exigiu que a sociologia só interviesse em resultado das investigações concretas, orientava-se no sentido da sociologia contemporânea, como iremos ver. Seja como for, a pesquisa de uma socialidade *originária* não implica que a definição da socialidade seja *anterior* ao exame das suas formas concretas.

([21]) «L'Échange et la lutte des hommes», *Les Temps modernes*, Fevereiro, 1951.

sobre *O Dom* ([22]), ao contrário da leitura estruturalista que Lévi-Strauss entende fornecer na sua *Introduction*: pois é certo que Mauss se orientava muito mais no sentido de uma compreensão do dom, do que de uma sistematização formal das tensões sociais ou interpessoais inerentes ao dom. O comentário de Lefort, que tenta esclarecer o dom à luz da dialéctica hegeliana das consciências em luta, segue numa linha fenomenológica. Para o fenomenólogo, o social não é de modo algum objecto; é apreendido como vivido e trata-se então, como referimos para a psicologia, de descrever adequadamente tal vivido, para lhe reconstituir o sentido. Mas essa descrição, por sua vez, só pode realizar-se com base nos dados sociológicos, também eles resultado de uma objectivação prévia do social.

5. *Indivíduo e sociedade. O problema etnológico*

As observações anteriores concernentes ao social originário, entendido como dimensão de existência, e que nos conduziram à psicologia da criança, parece terem militado em favor de uma degradação social no individual. Isso mesmo podem igualmente sugerir certas passagens de Merleau--Ponty na *Phénoménologie de la perception*. Na realidade, a fenomenologia, ligada às pesquisas sociológicas e etnológicas concretas, visa superar, a partir delas, a tradicional antinomia entre o indivíduo e a sociedade. Não está, evidentemente, em questão a supressão da especificidade das ciências sociológicas e psicológicas: no que concerne a este problema, a fenomenologia alinha-se pela posição definida por Mauss no seu artigo *Rapport de la psychologie et de*

([22]) In *Sociologie et anthropologie*, P.U.F., 1950.

la sociologie ([23]) e que preconiza um envolvimento das duas disciplinas, sem fixação de fronteira rígida.

Ora, aqui como em psicologia, os resultados da elaboração teórica convergem com as pesquisas independentes: por isso, a escola culturalista americana acaba *de facto* por abandonar as categorias solidificadas e contrárias de indivíduo e sociedade. Quando Kardiner retoma e prolonga as pesquisas de Cora du Bois acerca da cultura das ilhas Alor à luz da categoria de *basic personality*, esboça simultaneamente um método de abordagem, que evita as inconsequências do pensamento causal e redutor, e uma teoria da infra-estrutura *neutra*, sobre que se edificam, quer o psíquico, quer o social. Esta base neutra responde razoavelmente bem às exigências de uma *existência anónima*, que seria uma coexistência anónima, impostas pela reflexão fenomenológica sobre o *Mitsein* e a relação do para si e do para o outro. Kardiner preocupa-se (em virtude de um postulado psicanalítico e mesmo psicologista a que voltaremos) em descrever a experiência total da criança no seu meio cultural, em seguida, em estabelecer correlações entre esta experiência e as instituições do meio e, finalmente, em concluir que estas funcionam como projecções daquelas.

As mulheres de Alor realizam o trabalho de produção (agrária). Catorze dias após o nascimento, a criança é geralmente abandonada aos cuidados de quem estiver (o irmão mais velho, parentes afastados, vizinhos); alimentada de modo muito irregular, passa fome, e não pode ligar a supressão eventual desta com a imagem da mãe; as primeiras aprendizagens não são orientadas, nem sequer encorajadas; pelo contrário, aqueles que a rodeiam ridicularizam-na, provocam-lhe fracassos, desencorajam-na; o sistema de punições e de recompensas é flutuante, imprevisível

---

([23]) In *Sociologie et anthropologie*, P.U.F., 1950.

e impede qualquer estabilização das condutas; o controlo da sexualidade é inexistente. Podemos assim esboçar os caracteres da personalidade de base: «sentimento de insegurança, falta de confiança em si, desconfiança em relação ao outro e incapacidade de uma ligação afectiva sólida, inibição do homem perante a mulher, ausência de ideal, incapacidade de levar um empreendimento a bom termo» [24]. Correlativamente a esta personalidade, certas instituições derivam-se aparentemente destas frustrações familiares: o carácter vago e a fraca intensidade da religião como dogma e como prática explicam-se pela fraqueza do *super ego*; a crença em personagens, espíritos benéficos, funda-se na experiência infantil do abandono; a negligência e a ausência de iniciativa nas técnicas artísticas e mesmo de construção exprimem a fraqueza da personalidade; a instabilidade do casamento e a frequência dos divórcios, a ansiedade masculina diante da mulher, a iniciativa exclusivamente feminina nas relações sexuais, a importância das transacções financeiras monopolizadas pelos homens e que muitas vezes provocam neles inibições sexuais – traduzem a hostilidade dos homens para com as mulheres, enraizada na história infantil, bem como a agressividade, a ansiedade e a desconfiança que rodeiam e penetram o crescimento da criança. Kardiner fez aplicar testes de Rorschach aos habitantes de Alor por psicólogos que ignoravam as suas próprias conclusões: os resultados vão no mesmo sentido que a interpretação de Kardiner; aliás, a análise de histórias de vida confirma ainda mais, se tal

---

[24] Lefort, «La méthode de Kardiner», C.I.S., x, p. 118. Atentar-se-á no carácter negativo de cada um dos factores. Não será isso porque, implicitamente, a personalidade de base é definida relativamente à da nossa cultura e em contraste com ela? Esta relatividade é inevitável ao nível da compreensão, funda a sua possibilidade.

fosse necessário, a correlação estabelecida entre a experiência infantil e a integração na cultura.

Utilizámos em várias ocasiões o termo correlação para unir o conjunto dos dados da história individual e os da cultura colectiva. Convém precisar este termo, que se mantém ambíguo. Kardiner propõe-se a isso, quando distingue instituições primárias e instituições secundárias. As primeiras são «aquelas que suscitam os problemas fundamentais e inevitáveis de adaptação; as instituições secundárias resultam do efeito das instituições primárias sobre a estrutura da personalidade de base» ([25]). Assim, considerando somente o caso da instituição *religião*, em Alor, onde reina o *abandonismo* da criança, o *ego* mantém-se amorfo e revela-se incapaz de formar a imagem dos deuses; enquanto nas ilhas Marquesas, onde a educação é maleável e negligente, a elaboração e a prática religiosas são secundárias, embora o ciúme provocado pela indiferença maternal se projecte nos contos, onde o *Papão* desempenha um papel importante; em contrapartida, em Tanala a educação patriarcal rigorosa e o controlo severo da sexualidade traduzem-se por uma religião na qual a ideia de destino é poderosamente repressora. Vemos que Kardiner liga as instituições secundárias, por exemplo a religião, à personalidade de base, mas não de maneira puramente mecanicista, antes como psicanalista, utilizando os conceitos de projecção e de motivação. Quanto à personalidade de base, a sua estrutura é comum a todos os membros de uma dada cultura: é afinal o melhor meio de *compreender* essa cultura.

Subsistem, evidentemente, ambiguidades nas formulações de Kardiner: é claro em especial, e esta crítica já clássica é essencial, que a cultura é uma instituição primária apenas para a criança e não para a personalidade de base

---

([25]) Citado por Lefort, *ibid.*, p. 121.

em geral. Primário e secundário parecem designar uma ordem de sucessão temporal; este tempo não pode ser o da própria cultura, cujas estruturas institucionais se pretendem isolar, mas o do indivíduo psicológico. Na verdade a educação em Alor depende estreitamente do padrão de vida das mulheres, este por sua vez remete, se o quisermos compreender, para a sociedade global, incluindo as instituições *secundárias*. A personalidade de base não pode ser compreendida como *intermediária* entre primário e secundário, mesmo que se trate de uma inter-relação de motivações e não de uma causalidade linear: porque por mais longe que se leve a detecção da complexa teia de motivações de que se tece uma cultura, jamais se atingem dados primeiros constitutivos de uma infra-estrutura responsável pelo estilo da cultura considerada. Apenas se pode dizer, com Lefort, que «é no interior da personalidade de base que as próprias instituições ganham sentido» e que só a adequada apreensão daquela pelo etnólogo permite compreender a cultura que caracteriza. Esta personalidade é uma totalidade integrada e, se tal instituição se modifica, é toda a estrutura da personalidade que entra em movimento: por exemplo, entre os Tanala a passagem da cultura de sequeiro à cultura de regadio do arroz modifica, não só o regime da propriedade, mas ainda a estrutura familiar, a prática sexual, etc. Tais modificações só são compreensíveis a partir do sentido que os Tanala projectam na cultura do arroz; e este sentido também só ganha forma a partir da fonte de todo o sentido, a personalidade de base. Esta constitui, então, de facto, a *socialidade viva* que Husserl considerava como o objectivo do sociólogo; é aquilo que faz com que homens coexistam efectivamente no *interior* de uma sociedade é, aquém das instituições, a *cultura culturante* (Lefort). Deste modo, o indivíduo não existe como entidade específica, pois *significa* o social, como mostram as histórias da vida, nem tão pouco a sociedade a título de em si coercitivo, pois *simboliza* com a história individual. As pesquisas objectivas podem, pois, caso sejam *retomadas*, restituir-nos a verdade do social, como podem desmascarar a verdade do psíquico. Esta verdade, estas verdades são inesgotáveis, pois são as dos homens concretos: Mauss sabia disso; mas sabia também que são penetráveis pelas categorias de significação. Por sua vez, o culturalismo continua demasiado submetido às categorias causais da psicanálise, já corrigidas por Merleau-Ponty, a propósito da sexualidade. A verdade do homem não é decomponível. mesmo em sexualidade e sociedade. É por isso que qualquer abordagem objectiva não deve ser receitada, mas rectificada. Mais que qualquer outra, a história, ciência total, confirmará estes resultados.

IV. Fenomenologia e História

1. O histórico

Em primeiro lugar, há uma ambiguidade do termo história que designa, tanto a realidade histórica, como a ciência histórica. Esta ambiguidade exprime um equívoco existencial, o de que o sujeito da ciência histórica é também um ser histórico. Compreender-se-á imediatamente que a pergunta «como é possível uma ciência histórica?», que interessa ao nosso propósito, se encontra rigorosamente ligada à pergunta «deve e pode o ser histórico transcender a sua natureza de ser histórico, para apreender a realidade histórica enquanto objecto de ciência?» Se designarmos por historicidade esta natureza, a segunda pergunta muda-se em: a historicidade do historiador é compatível com uma captação da história que responda às condições das ciências?

Primeiramente, é preciso interrogarmo-nos sobre a própria consciência histórica; como é que o objecto História acontece na consciência? Não pode ser a experiência natural relativa ao desenrolar do tempo, pois não é porque o indivíduo se *encontra na história* que é temporal; mas *se só existe e só pode existir historicamente, é porque é temporal no fundo do seu ser*([26]). Que significaria, com efeito, uma história *na* qual acontecesse que o sujeito fosse um objecto *histórico em si mesmo*? Tomemos de Heidegger o exemplo de um móvel antigo, coisa histórica. O móvel é coisa histórica, não apenas porque objecto eventual da ciência histórica, mas em si mesmo. Mas o que é que, em si mesmo, o faz histórico? É porque, de algum modo, é ainda o que era? Nem isso, porque mudou, degradou-se, etc... É, então, porque é *velho*, fora de moda? Mas pode não o ser, embora sendo móvel antigo. Então o que é *passado*, neste móvel? É, responde Heidegger, o *mundo* de que fazia parte; desse modo esta coisa subsiste ainda hoje e por isso está presente e não pode deixar de o estar; mas, enquanto objecto pertencente a um passado, esta coisa presente é passado. Por consequência, o objecto é mesmo histórico em si mesmo, mas a título secundário; é histórico, apenas porque a sua proveniência se deve a uma humanidade, a uma subjectividade que esteve presente. Mas que significa, então, por sua vez, para esta subjectividade, o facto de ter estado presente?

Eis-nos, portanto, remetidos do histórico secundário a um histórico primário, ou melhor, originário. Se a condição do histórico do móvel não se encontra no móvel, mas no histórico do mundo humano em que o móvel se situava, que condições nos garantem que este histórico é originário? Dizer que a consciência é histórica, isso quer dizer, não só que há algo como tempo para ela, mas que *ela é tempo*. Ora, a consciência é sempre consciência de alguma coisa e uma elucidação, tanto psicológica como fenomenológica, da consciência vai revelar uma série infinita de intencionalidades, isto é, de consciências de. Neste sentido,

---

([26]) Heidegger, *Sein und Zeit*, na trad. Corbin, «Qu'est-ce que la métaphysique?», Gallimard, p. 176.

a consciência é fluxo de vivências (*Erlebnisse*), que são todas no presente. Do lado objectivo, não há qualquer garantia de continuidade histórica; mas para o pólo subjectivo, qual a condição de possibilidade desta vaga unitária de vivências? Como se pode passar das vivências múltiplas ao Eu, quando nada mais existe no Eu além destas vivências? «Embora se encontre entrelaçado desta maneira particular com todas as suas vivências, o Eu, que as vive, não é de modo algum algo que possa considerar-se «para si» e tratar-se como um objecto «próprio» de estudo. Se abstrairmos dos seus modos de se relacionar e dos seus modos de se comportar..., não há nenhum conteúdo que se possa explicitar: é em si e para si indescritível: Eu puro e nada mais» (Husserl, *Ideen I*, 271). O problema a que conduz a elaboração do problema da ciência histórica é, então, neste momento, o seguinte: dado que a História não pode ser dada ao sujeito pelo objecto, então é porque o próprio sujeito é histórico, não por acidente, mas originariamente. Por conseguinte, como é que a historicidade do sujeito é compatível com a sua unidade e a sua totalidade? Esta questão da unidade de uma sucessão vale também para a história universal.

Uma fórmula célebre de Hume pode esclarecer ainda mais o problema: «o sujeito não é mais que uma série de estados que se pensa a si própria». Reencontramos aqui a série dos *Erlebnisse*. A unidade desta série seria dada por um acto do pensamento imanente a ela; mas este acto, como nota Husserl, acrescenta-se à série como um *Erlebnisse* suplementar, para o qual se tornará necessária uma nova apreensão sintética da série, isto é, um novo vivido: estaremos, então, perante uma série inacabada e, sobretudo, cuja unidade estará sempre em questão. Ora a unidade do Eu não está em questão. «Não ganhamos nada com transportar o tempo das coisas para nós, se repetimos «na consciência» o erro de o definir como uma sucessão de agoras» (Merleau-Ponty, *Phéno. perc.*, 472); é neste ponto que a fenomenologia procura separar-se do bergsonismo. É claro que o passado é, como noese, um «agora», *ao mesmo tempo* que um «já não», como noema; o futuro um «agora» e, simultaneamente, um «ainda não», e, por consequência, não interessa dizer que o tempo se escoa *na* consciência: é, ao contrário, a consciência que, a partir do seu agora, desdobra ou constitui o tempo. Poderia dizer-se que a consciência intencionaliza agora o isso de que é consciência, segundo o modo do já não, ou segundo o modo do ainda não, ou então, segundo o modo da presença.

A consciência seria, então, contemporânea de todos os tempos, se é a partir do seu agora que desdobra o tempo: uma consciência constitutiva do tempo seria intemporal. Para evitar a imanência pouco satisfatória da consciência no tempo, desembocamos numa imanência do tempo na consciência, isto é, numa transcendência da consciência ao tempo, que deixa sem explicação a temporalidade dessa consciência. Em certo sentido, não avançámos sequer um passo desde a primeira posição do problema: a consciência, e em especial a consciência historiadora, envolve o tempo e é simultaneamente envolvida pelo tempo. Mas, num outro sentido, construímos o problema sem previamente ajuizar da sua solução, preocupados com apresentá-lo correctamente: o tempo, e por consequência a história, não é captável em si; mas deve ser remetido à consciência que há da história. Esta relação imanente da consciência à sua história não pode compreender-se horizontalmente como série que se desenvolve, porque de uma multiplicidade não se tira uma unidade, pois de uma unidade intemporal não se obtém uma continuidade temporal.

2. A historicidade

Que é, então, afinal, a temporalidade da consciência? Voltemos à descrição das *próprias coisas*, isto é, à consciência do tempo. Encontro-me retido num campo de presenças (este papel, esta mesa, esta manhã); este campo prolonga-se em horizonte de retenções (tenho ainda *na mão* o começo da manhã) e projecta-se em horizonte de protenções (esta manhã termina em refeição). Ora, estes horizontes são móveis: este momento que era presente *e, por consequência, não era posto como tal,* começa a perfilar-se no horizonte do meu campo de presenças, apreendo-o como passado recente, não estou separado dele, pois o reconheço. Depois afasta-se ainda mais, não o apreendo já imediatamente; para o agarrar tenho de atravessar uma nova separação. Merleau-Ponty (*Phéno. perc.*, 477) extrai de Husserl (*Zeitbewusztsein,* 10) o essencial do esquema a seguir apresentado, no qual a linha horizontal exprime a série dos agora, as linhas oblíquas os esboços desses mesmos agora vistos de um agora ulterior, as linhas verticais os esboços sucessivos de um mesmo agora. *O tempo não é uma linha, mas uma rede de intencionalidades.* Quando de A deslizo para B, tenho A em meu poder, através de A', e assim sucessivamente. Dir-se-á que o problema é apenas iludido: tratava-se de explicar a unidade do fluxo das vivências, por isso importa estabelecer aqui a unidade vertical de A' com A, depois de A" com A' e A, etc. Substitui-se a questão da unidade de B com A pela da unidade de A' com A. É aqui que Merleau-Ponty, depois de Husserl e Heidegger, estabelece uma distinção fundamental para o nosso problema da consciência historiadora: na recordação *precisa* e na evocação *voluntária* de um passado longínquo, há efectivamente lugar para sínteses de identificação que me permitem, por exemplo, prender *esta* alegria no seu tempo de proveniência, isto é, localizá-la. Mas esta mesma operação intelectual, que é a do historiador, pressupõe uma unidade natural e primordial pela qual é o próprio A que atinjo em A'. Dir-se-á que A é modificado por A' e que a memória transforma aquilo de que é memória, proposição banal em psicologia. Ao que Husserl responde que este cepticismo, que está na base do historicismo, se nega a si mesmo como cepticismo, pois o sentido da alteração implica que *se conheça de algum modo aquilo que é alterado*, isto é, A em pessoa ([27]). Há, pois, como que uma *síntese passiva* de A com os seus esboços, entendendo-se que esta expressão não explica a unidade temporal, mas permite pôr correctamente o problema dela.

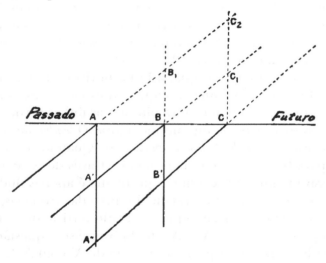

Importa ainda salientar que quando B se torna C, B se torna também B', e que simultaneamente A, já caído em

---

([27]) Isto remete para a descrição da reflexão e para a defesa do seu valor. Ver atrás, pp. 64 sq.

A', caí em A". Ou seja, todo o meu tempo está em movimento. Aquilo que está para vir, que só podia apreender através de esboços opacos, acaba por me advir em pessoa, C2 *desce* para C1, depois apresenta-se em C no meu campo de presença e, quando medito sobre esta presença, já C se esboça para mim como *já não*, enquanto a minha presença está já em D. Ora, se a totalidade é dada de uma só vez, isso significa que *não existe verdadeiro problema de unificação extemporânea da série das vivências*. Heidegger mostra que esta maneira de apresentar o problema (síntese *a posteriori* de uma multiplicidade de estados) caracteriza a existência inautêntica, que é a existência *perdida no Se* indefinido. A realidade humana (*Dasein*), diz, «não se perde, de modo a que tenha de se recolher de qualquer maneira fora de tempo, exceptuado o divertimento, nem de modo a ter de inventar totalmente uma unidade que dê coesão e que recolha» (*Sein und Zeit*, loc. cit., 198). «A temporalidade», escreve mais adiante, «temporaliza-se como futuro que vai ao passado, ao vir ao presente» (citado por Merleau-Ponty, 481). Não tem, pois, que se explicar a unidade do tempo interior; cada agora retoma a presença de um *já não* que procura no passado, e antecipa a presença de um *ainda não* que aí procurará; o presente não é fechado, transcende-se para um futuro e para um passado; o meu agora nunca é, como diz Heidegger, uma insistência, um ser contido num mundo, mas uma existência ou ainda uma *ek-stase* e é finalmente porque sou uma intencionalidade aberta que sou uma temporalidade ([28]).

([28]) A teoria husserliana do «Presente Vivo», tal como se depreende dos inéditos, está exposta por Tran-Duc-Thao, op. cit., 139 sq. Ver também a excelente Introdução de J. Derrida a *L'origine de la géométrie*, trad. Derrida, P.U.F., 1962.

A FENOMENOLOGIA

Antes de passar ao problema da ciência histórica, uma observação se impõe a respeito desta proposição: quer ela dizer que o tempo é subjectivo, e que não há tempo objectivo? A esta questão podemos responder, simultaneamente, sim e não: sim, o tempo é subjectivo, porque o tempo tem um sentido e porque, se o tem, é, porque nós somos tempo, como o mundo só tem sentido para nós porque somos mundo pelo nosso corpo, etc.; essa é verdadeiramente uma das principais lições da fenomenologia. Mas simultaneamente o tempo é objectivo, pois nós não o constituímos pelo acto de um pensamento que seria ele próprio isento dele; o tempo, como o mundo, é sempre um já para a consciência, e é por isso que o tempo, não mais que o mundo, não é para nós transparente; como temos de explorar este, temos de *percorrer* tempo, isto é, de desenvolver a nossa temporalidade, desenvolvendo-nos a nós mesmos: não somos subjectividades fechadas sobre si próprias, cuja essência fosse definida ou definível *a priori*, em resumo, mónadas para as quais o devir fosse um acidente monstruoso e inexplicável, mas tornamo-nos no que somos e somos aquilo em que nos tornamos; não possuímos significação determinável uma vez por todas, mas *uma* significação em curso. É por isso que o nosso futuro é relativamente indeterminado, por isso que o nosso comportamento é relativamente imprevisível para o psicólogo, por isso que somos livres.

3. A filosofia da história

Sabemos agora como é que há história para a consciência: ela própria é história. Qualquer reflexão séria sobre a ciência histórica deve começar por este princípio. R. Aron (*Introduction à la philosophie de l'histoire*, Gallimard, 1938), consagrando um capítulo ao conhecimento de si, chega aos mesmos resultados: «temos consciência da nossa identidade através do tempo. Sentimo-nos sempre este mesmo ser indecifrável e evidente, do qual seremos eternamente o único espectador. Mas as impressões que asseguram a estabilidade deste sentimento, torna-se-nos impossível traduzi-las ou sequer sugeri-las» (59). Há um fracasso do psicólogo objectivista que queira definir a minha história, que é essencialmente inacabada, isto é, indefinível. Não sou um objecto mas um projecto; não sou apenas o que sou, mas o que vou ser e o que quero ter sido e vir a ser. Mas esta história que existe para a consciência não se esgota na consciência da sua história; a história é também a *história universal*, já não relativa ao *Dasein*, mas ao *Mitsein*, é a história dos homens.

Não retomaremos a pergunta: como há um *alter ego* para o *ego*? Está implicada, já o vimos, em todas as ciências humanas. Prender-nos-emos apenas à maneira específica como o objecto história se apresenta ao historiador.

Apresenta-se por meio de sinais, de ruínas, de monumentos, de narrativas, um material possível. Esse móvel de que falava Heidegger remete já de si ao mundo de que provém. Há uma via aberta em direcção ao passado, anterior ao trabalho da ciência histórica: são os próprios sinais que nos abrem essa via; passamos imediatamente destes sinais ao seu sentido, o que não significa que saibamos de um saber explícito o sentido destes sinais e que a tematização científica nada acrescenta à nossa compreensão; só esta tematização, esta construção do passado é, como se costuma dizer, uma reconstrução. É necessário que os sinais de que parte a tematização contenham já em si próprios o sentido de um passado; caso contrário, como distinguir entre o discurso do historiador e uma fabulação? Reencontramos aqui os resultados da elucidação do sentido. Pela história saímos ao encontro de um mundo cultural, que será, evidentemente, necessário reconstituir e restituir por um trabalho de reflexão (Aron); mas este mundo cultural sai também ao nosso encontro como mundo cultural. A ruína, o monumento, a narrativa, remetem o historiador, cada um a seu modo, para um horizonte cultural onde se esboça o universo colectivo de que é testemunha. Esta captação do ser histórico dos sinais só é possível porque há uma historicidade do historiador. «Não são, nem a reunião, nem a triagem, nem a garantia dos materiais que põem em marcha o regresso ao «passado», mas tudo isso pressupõe já... a historicidade da existência do historiador. E essa historicidade que funda existencialmente a história como ciência, mesmo nas disposições menos aparentes, mesmo nos arranjos que são «segredos do ofício»» (*Sein und Zeit*, loc. cit., 204). E R. Aron: «Todas as análises que se seguem são dominadas pela afirmação de que o homem não está apenas na história, mas traz em si a história que explora» (loc. cit., 11). Por consequência, os sinais apresentam-se ao historiador imediatamente investidos de um sentido de passado. Mas esse sentido não é transparente e é por isso que se torna necessária em história uma elaboração conceptual. «A história pertence, não à ordem da vida, mas à ordem do espírito» (Aron, ibid., 86). Isso significa que o historiador, com base neste ponto de arranque, deve desvendar, não as leis, não os acontecimentos individuais, mas «a possibilidade que efectivamente existiu no passado» (Heidegger, loc. cit., 205). Mas para atingir tal desiderato, pense o que pensar Heidegger a esse respeito, o historiador deve reconstruir com conceitos. «Ora», diz Aron, «temos sempre possibilidade de escolha entre múltiplos sistemas, pois a ideia é simultaneamente imanente e transcendente à vida», entendendo-se por isso que *no interior* de um dado devir histórico existe de facto uma significação desse devir (uma *lógica* económica, ou espiritual, ou jurídica, etc.), mas que essa significação ou essa *lógica* deve ser revelada por um acto do historiador, que equivale a uma escolha acerca desse devir. Seja essa escolha explícita ou não, não há ciência histórica que não se apoie numa filosofia da história. Não podemos aqui reproduzir as minuciosas análises de Raymond Aron. Dir-se-á que a necessidade do historiador em elaborar conceptualmente o devir não implica uma filosofia, mas uma metodologia científica. Não, responde Aron, porque a realidade histórica não é essencialmente constituída, como a realidade física, mas essencialmente aberta e inacabada. Há um discurso coerente da física porque há um universo físico coerente, mesmo para o físico; mas por mais coerente que seja o universo histórico, essa coerência será sempre indeterminável para o historiador, porque este universo não é fechado. Sem dúvida que Waterloo passou e a história do Primeiro Império terminou. Mas, se abordarmos como tal este momento do devir, certamente o não alcançamos, pois, para os actores, cujo mundo tentamos restituir (essa *possibilidade que no passado realmente existiu*), esse momento perfilava-se num horizonte equívoco de possíveis contingentes. Extemporaneamente declaramos necessária a queda do Império, o que significa confessar, então, que fazemos a história da História, a partir de um observatório, que é ele próprio histórico, pois dizemos *extemporaneamente*: então a história que fazemos não é uma ciência transcendental. O que é então? «A ciência histórica é uma forma da consciência que uma comunidade tem de si própria» (Aron, op. cit., 88), como tal inseparável da situação histórica em cujo seio se elabora e da vontade do próprio sábio. As interpretações dadas para um mesmo momento do devir variam em função do momento do devir em que são dadas. A Idade Média não era a mesma para o século XVII e para o século XIX. Mas será impossível considerar, a título de postulado primeiro do esforço do historiador, uma interpretação que fosse adequada ao real interpretado? Não, responde ainda Aron, porque, ou esta interpretação definitiva assentaria no modelo causal das ciências da natureza (economismo simplista, por exemplo) e uma interpretação desse tipo não pode abarcar o conjunto do real histórico, aplicar-se a um devir total, substituição de um esforço livre que ultrapassa tal *factor*, ou assentaria no modelo da *compreensão*, apropriação do passado por captação do seu sentido; mas, precisamente, este sentido não nos é dado de uma maneira imediatamente transparente. A causalidade e a compreensão têm ambas o seu limite. Para ultrapassar estes limites, é preciso formular uma hipótese sobre o devir total, que não só retome o passado, mas abarque o presente do historiador como passado, isto é, o projecte num futuro. É preciso fazer uma filosofia da história. Mas o uso desta filosofia é condicionado por uma história da filosofia, que exprime, por sua vez, a imanência no tempo de um pensamento que se desejaria intemporal. Por isso o marxismo, por exemplo, surge, não como uma ciência, mas como uma ideologia, não como um conhecimento objectivo, mas como uma hipótese feita acerca do futuro por políticos. Cai-se, então, no historicismo, isto é, na aceitação de um devir sem significação, que prepara, quer o cepticismo, quer o fatalismo, quer a indiferença? Nem isso, pois o próprio historicismo se encontra historicamente ligado à crise do positivismo e as suas teses, negativas, não podem, mais que outras, apresentar-se como absolutamente verdadeiras: como todo o cepticismo, nega-se a si próprio.

4. Ciência histórica e historicidade

Vemos assim em que direcção se comprometia R. Aron; representava bastante bem aquilo que poderíamos denominar a ala direita da fenomenologia. E ainda que o seu trabalho não tivesse possibilidade de comparação com o já citado de Monnerot, fazia sofrer à história uma redução comparável, pelo intelectualismo que a inspirava, à que aquela obra infligia à sociologia. É evidente que uma interpretação mecanicista da História deve ser rejeitada; mas não é menos evidente que um método compreensivo não se prolonga necessariamente num *sistema* filosófico.

Certamente que a ausência dos homens que habitavam esse *Mitsein* para que se volta o historiador torna a sua tarefa ainda mais complexa que a do etnólogo. Mas não é menos certo que o sincronismo que a *época* histórica considerada constituiu encerra um sentido que deve ser compreendido, sem o que não seria história humana. É necessário que de algum modo esse sentido nos solicite, que haja uma comunicação originária, uma cumplicidade dessa época com a nossa e nós próprios; o que garante, em princípio, a possibilidade de uma compreensão desse passado. Em suma, R. Aron insistia na sequência de Dilthey, na descontinuidade do devir, de tal modo que por fim se obstruía a passagem do pensamento compreensivo de um período a outro e se tornava necessário que o historiador lançasse mão de um conjunto de conceitos que projectava cegamente no passado, esperando a reacção como um químico empirista. Mas essa descontinuidade não existe, pois há uma história, isto é, exactamente, um incessante retomar do seu passado pelos homens e uma protensão para o futuro. Suprimir a continuidade histórica é negar que haja um sentido no devir. Ora, é forçoso que o devir tenha um sentido, não porque os homens pensem esse sentido, ou fabriquem sistemas do sentido da história, mas porque os homens vivendo, e vivendo em conjunto, produzem sentido. Este sentido é ambíguo, precisamente na medida em que está em devir. Como não há significação com que possamos qualificar sem apelo uma subjectividade, porque esta se projecta num futuro no qual se encontram abertos os possíveis que a definirão um pouco mais, também o sentido (a direcção) de uma conjuntura histórica total não é determinável uma vez por todas, dado que a sociedade global, que é afectada por ele, não pode perseguir-se como algo que evolui de acordo com as leis da mecânica e que a uma etapa deste sistema complexo não se sucede *uma* etapa, mas um leque de eventualidades. Os possíveis não são inúmeros e é por isso que há sentido na história, que são vários, e é por isso, igualmente, que esse sentido não se lê sem esforço. Finalmente, este futuro pertence, enquanto aberto, à própria conjuntura presente, não lhe é acrescentado: esta prolonga-se nele como em sua própria essência. Uma greve geral não é apenas o que é, mas também, e não menos, o que vai tornar-se. Se se salda por um fracasso e pelo recuo da classe operária, será compreendida como um sobressalto reprimido, como um combate de retaguarda ou como um aviso, segundo a natureza da etapa seguinte; ou então, convertendo-se em greve política, toma um sentido explicitamente revolucionário. Em qualquer dos casos, o seu sentido definitivo repercute-se gradualmente ao longo do desenvolvimento histórico e por isso não tem verdadeiramente um sentido definitivo, pois este desenvolvimento não termina.

O equívoco de R. Aron reside no facto de situar o sentido da história ao nível do pensamento desse sentido e não ao nível do sentido vivido, tal como no-lo revelava há pouco a sociologia ([29]). Afinal, as dificuldades encontradas pelo historiador para restabelecer o núcleo significativo de um período, essa *cultura culturante* a partir da qual a *lógica* do devir dos homens transparece claramente através dos acontecimentos e os organiza num movimento, tais dificuldades não são próprias dos etnólogos? É evidente que, na medida em que o historiador se debruça sobre sociedades *históricas*, lhe compete descobrir também a *razão* do movimento, desvendar a evolução de uma cultura, reunir as suas possíveis aberturas em cada uma das etapas. Do mesmo modo que se tratava de, por «uma transposição imaginária, compreender como é que a sociedade primitiva fecha o seu futuro, devém sem ter consciência de se transformar, e, de algum modo, se constitui em função da sua estagnação, igualmente se trata de se situar no curso da sociedade em progressão, para apreender o movimento do sentido, a pluralidade dos possíveis, o debate ainda aberto» (Lefort, art. cit., *Les temps modernes*, Fev., 1951).

Por conseguinte, não é pelo facto de o historiador estar, também ele, inserido na história e de o seu pensamento ser, por seu lado, um acontecimento, que é invalidada a história que constrói, ou que tal pensamento deixa de poder ser verdadeiro e terá de contentar-se com exprimir uma *Weltanschauung* transitória. Quando Husserl protesta contra a doutrina historicista e exige da filosofia que seja uma *ciência rigorosa*, não procura definir uma verdade exterior à história, mantém-se, pelo contrário, no centro da sua compreensão da verdade ([30]): esta não é uma verda-

---

([29]) A mesma atitude se encontra em *L'Opium des intellectuels* (Calmann-Lévy, 1955), onde R. Aron termina desta maneira a discussão do sentido da história: «a história possui, em última análise, o sentido que lhe atribui a nossa filosofia».
([30]) Ver atrás, p. 46.

de intemporal e transcendente, mas vivida no fluxo do devir, e será indefinidamente corrigida por outras vivências; é, portanto, *omnitemporal*, em via de realização, e dela se pode dizer o que dizia Hegel: é um resultado – com a particularidade, todavia, de sabermos que a história não tem fim. A historicidade do historiador e o seu engrenamento numa coexistência social não impedem que a ciência histórica se faça: são, ao contrário, *condições da sua possibibilidade*. E quando R. Aron conclui que «a possibilidade de uma filosofia da história se confunde afinal com a possibilidade de uma filosofia, não obstante a história» (op. cit., 320-321), admite implicitamente uma definição dogmática da verdade intemporal e imutável. Esta encontra-se, de facto, no centro do seu pensamento, hipoteca todo um sistema filosófico latente e apresenta-se em radical contradição com a apreensão da verdade em movimento que o último Husserl exprimia com veemência.

A fenomenologia não propõe, portanto, uma filosofia da história; mas responde afirmativamente à questão que colocámos no início do capítulo, se não pretendermos reduzir o sentido da palavra ciência ao mecanicismo e se tomarmos em linha de conta a revisão que foi esboçada a propósito da sociologia. Propõe uma retomada reflexiva dos dados da ciência histórica, uma análise intencional da cultura e do período definidos por esta ciência, bem como a reconstituição do *Lebenswelt* histórico concreto, graças ao qual transparece o sentido desta cultura e deste período. Em caso algum tal sentido pode pressupor-se. A história não se lê através de tal *factor*, quer seja político, económico ou racional. O sentido é latente, porque originário, deve ser reconquistado sem pressuposto, se nos deixarmos guiar pelas *próprias coisas*. Esta possibilidade de captar de novo a significação de uma cultura e do seu devir funda-se, em princípio, na historicidade do historiador. O facto de a fenomenologia se ter situado a si própria na história e de, com Husserl ([31]), se ter identificado como oportunidade de salvaguardar a razão que define o homem, de ter tentado introduzir-se, não apenas por meio de uma meditação lógica pura, mas por uma reflexão acerca da história presente, mostra que não se compreendeu a si própria como uma filosofia exterior ao tempo ou como um saber absoluto que resume uma história acabada. Surge como um momento no devir de uma cultura e não vê a sua *verdade* contradita pela sua *historicidade*, pois faz dessa mesma historicidade uma porta aberta sobre a sua verdade.

Esta significação histórica que a fenomenologia se atribui é precisamente contestada pelo marxismo, que lhe atribui outra, muito diferente.

5. *Fenomenologia e marxismo*

a) A terceira via – Convém antes de mais acentuar as oposições *insuperáveis* que separam fenomenologia e marxismo. O marxismo é um materialismo. Admite que a matéria constitui a única realidade e que a consciência é uma forma material particular. Este materialismo é dialéctico: a matéria desenvolve-se segundo um movimento, cujo motor está na supressão, na conservação e na superação da etapa anterior pela etapa seguinte; a consciência é uma dessas etapas. Na perspectiva que aqui adoptámos, isso significa, em especial, que toda a forma *material* contém em si própria um *sentido*; tal sentido existe, independentemente de toda a consciência *transcendental*. Hegel captara a presença deste sentido, ao afirmar

---

([31]) Ver *Krisis*; atrás, pp. 33 sq.

que todo o real é racional, mas imputava-o a um pretenso Espírito cuja realização era a natureza e a história. O marxismo, ao contrário, recusa-se a separar, como fazem todos os idealismos, o ser e o sentido. Por certo, a fenomenologia do terceiro período husserliano parece recusar, por sua vez, esta separação, por exemplo quando Merleau-Ponty, que é o seu representante mais notável, fala *dessa pregnância da significação nos sinais que poderia definir o mundo.* Mas a questão toda reside em saber de que *mundo* se trata. Tivemos o cuidado de notar aqui mesmo que o mundo que a meditação husserliana sobre a verdade atinge não deve confundir-se com o mundo *material*, mas se define preferencialmente, como aliás fizemos, a partir da consciência, ou, pelo menos, do sujeito constituinte. Dizia Husserl que a constituição do mundo, tal como se opera no devir da subjectividade, se apoia no *Lebenswelt*, num mundo originário com o qual a subjectividade está *em relação*, por meio de sínteses passivas. Esboço de empirismo, conclui Jean Wahl a este respeito (*R.M.M.*, 1952). Não acreditamos, pois trata-se sempre de uma subjectividade *reduzida* e de um mundo que já não era o da realidade natural. Por certo, Husserl não pretendia cair por seu turno nos erros mil vezes denunciados do empirismo. Como correctamente refere Thao, «a realidade natural que se descobre nas profundezas do vivido já não é a que se apresentava à consciência espontânea antes da redução» (op. cit., 225). A realidade em questão é a que na sequência de Merleau-Ponty denominámos existência, mundo originário, etc.; e, com a fenomenologia, sempre tivemos grande preocupação em separá-la de toda a apreensão objectivista possível. Esta realidade não é, pois, objectiva, assim como subjectiva; é *neutra*, ou então, ambígua. A realidade do mundo anterior à redução, isto é, em suma, a *matéria*, é em si destituída de sentido para a fenomenologia (cf. Sartre); as diversas regiões do ser encontram-se dissociadas, como nota ainda Thao, e, por exemplo, a «matéria trabalhada pelo homem já não é matéria, mas «objecto cultural»» (ibid., 225-6). Esta matéria só adquirirá sentido com as categorias que a apresentam como realidade física, de tal modo que ser e sentido se encontram afinal separados por causa da separação dos diversos domínios do ser. O sentido remete exclusivamente para uma subjectividade constituinte. E, por sua vez, essa subjectividade remete para um mundo neutro, ele próprio em devir, e no qual se constituem, segundo a sua génese (*Sissgenesis*), todos os sentidos da realidade. Por conseguinte, conclui Thao, a contradição da fenomenologia parece intolerável. Pois parece claro que o mundo neutro que contém o sentido sedimentado de toda a realidade só pode ser a própria natureza, ou antes, a matéria no seu movimento dialéctico. Em certo sentido, continua a ser verdade que o mundo anterior à redução não é o mesmo que se encontra após a análise da subjectividade constituinte: o primeiro é realmente um universo mistificado onde o homem se aliena, mas não é precisamente a realidade; a realidade é o universo reencontrado no final da descrição fenomenológica e no qual o vivido enraíza a sua verdade. Mas o *vivido é apenas um aspecto abstracto da «vida efectivamente real»*, no qual a fenomenologia não podia conseguir apreender o *conteúdo material desta vida sensível*. Para conservar e ultrapassar os resultados do idealismo transcendental,

importa prolongá-lo no materialismo dialéctico, o qual o salva da última tentação: a recaída no *cepticismo total,* que Thao vê transparecer nos últimos escritos de Husserl e que parece inevitável, se não se atribuírem à subjectividade *os seus predicados de realidade.*
Não podemos discutir aqui o notável texto de Thao. Em todo o caso, apresenta com clareza a irredutibilidade das duas teses, pois só ao preço da identificação da subjectividade originária como *matéria* é que o marxismo pode tencionar conservar a fenomenologia, ultrapassando-a. Encontra-se em Lukacs (*Existencialisme et marxisme,* Nagel, 1948) uma crítica marxista bastante diferente, pois critica a fenomenologia, não retomando do interior o seu pensamento, mas estudando-a explicitamente como *comportamento.* Completa, de certo modo, a crítica precedente, pois procura mostrar que a fenomenologia, longe de ser degradada pela sua significação histórica, nela encontra, ao contrário, a sua verdade. Convirá notar, aliás, que Lukacs está mais contra o Husserl do segundo período.
Husserl lutou, paralelamente a Lenine, contra o psicologismo de Mach e contra todas as formas de relativismo céptico que se enunciaram no pensamento ocidental a partir do final do século XIX. Esta posição fenomenológica explica-se, no entender de Lukacs, pela necessidade de liquidar o idealismo objectivo, cuja resistência ao progresso científico fora finalmente vencida, especialmente no que respeita à noção de evolução. Por outro lado, o idealismo subjectivo conduzia, então, visivelmente, para um pensador honesto como Husserl, a conclusões

perigosamente obscurantistas; mas o materialismo permanece, por outro motivo, inaceitável a seus olhos, subjectivamente, porque se situa na linha cartesiana e, objectivamente, por causa da sua ideologia de classe. Daí a tentativa que caracteriza o comportamento fenomenológico de «revestir as categorias do idealismo subjectivo de uma pseudo-objectividade... A ilusão (de Husserl) consiste exactamente em acreditar que basta voltar as costas aos métodos puramente psicológicos para sair do domínio da consciência» (op. cit., 260-262). Paralelamente, se Husserl luta contra Mach e os formalistas é para introduzir o conceito de *intuição*, do qual se espera que resista ao relativismo e para reafirmar a validade da filosofia contra a inevitável degradação para que fora arrastada pelo pragmatismo. Ora, estes temas são *outros tantos sintomas da crise da filosofia*. E qual é essa crise? Encontra-se estreitamente ligada à primeira grande crise do imperialismo capitalista, que eclodiu em 1914. Anteriormente, a filosofia havia sido posta fora de circuito e substituída pelas ciências especializadas no exame dos problemas do conhecimento. É precisamente o estádio do positivismo, do pragmatismo, do formalismo, caracterizado pela confiança dos intelectuais num sistema social aparentemente eterno. Mas as garantias concedidas pelo sistema por altura do seu nascimento político (liberdades do cidadão, respeito pela pessoa humana) começam a ser ameaçadas pelas próprias consequências do sistema; podem-se ver surgir os sintomas da crise do pensamento filosófico: é esse o contexto histórico da fenomenologia, encarada como comportamento. O seu a-historicismo, intuicionismo, intenção de radicalidade, o seu fenomenismo, são outros tantos factores ideológicos, destinados a camuflar o verdadeiro sentido da crise, a evitar extrair dela as conclusões inelutáveis. A *terceira via*, nem idealista, nem materialista (nem *objectivista*, nem *psicologista*, dizia Husserl), é o reflexo dessa situação equívoca. A *filosofia da ambiguidade* traduz a seu modo uma ambiguidade da filosofia nesta etapa da história burguesa e é por essa razão que os intelectuais lhe atribuem um sentido de verdade, enquanto vivem tal ambiguidade e enquanto essa filosofia, camuflando o seu verdadeiro significado, desempenha a sua função ideológica.

b) *O sentido da história* – Parece claro que nenhuma conciliação entre as duas filosofias se pode tentar com seriedade; e importa acentuar que, de facto, os marxistas nunca o pretenderam. Mas, se a recusaram, é exactamente porque lhes foi oferecida. Não nos compete repetir aqui o histórico da discussão; incontestavelmente, a experiência política e social da Resistência e da Libertação são disso motivações essenciais. Seria necessário fazer a análise da situação da *intelligentsia* durante este período. A verdade é que a fenomenologia foi levada a confrontar as suas teses com as do marxismo; fazia-o de resto espontaneamente, após a descentração da sua problemática a partir do Eu transcendental na direcção do *Lebenswelt*.

A fenomenologia investiu o marxismo essencialmente por duas teses: o sentido da história e a consciência de classe – que na verdade são uma só, pois, para o marxismo, o sentido da história só pode ler-se através das etapas da luta de classes. Estas etapas estão dialecticamente ligadas à consciência que as classes têm de si próprias no processo histórico total. A classe é definida, em última análise, pela situação nas relações objectivas de produção (infra-estrutura), mas as flutações do seu volume e da sua combatividade, que reflectem as modificações incessantes desta infra-estrutura, estão também dialecticamente ligadas a factores superstruturais (políticos, religiosos, jurídicos, ideológicos propriamente ditos). Para que a dialéctica da luta das classes, motor da história, se torne possível, é necessário que as superstruturas entrem em contradição com a infra-estrutura ou produção da vida material e, por consequência, as superstruturas gozem, como diz Thao ([32]), de *autonomia* em relação à produção e não evoluam automaticamente na esteira da sua evolução. «A autonomia das superstruturas é tão essencial à compreensão da história como o movimento das forças produtivas» (art. cit., 169). Chega-se assim à tese, retomada por Merleau-Ponty ([33]), de que a ideologia (no sentido geral do termo) não é ilusão, aparência, erro, mas realidade, como a própria infra-estrutura. «O primado do económico», escreve Thao, «não suprime a verdade das superstruturas, mas remete-a à sua autêntica origem, na existência vivida. As construções ideológicas são relativas ao modo de produção, não porque o reflectem

---

([32]) Tran-Duc-Thao, «Marxisme et phénoménologie», *Revue Internationale*, 2, pp. 176-178. Este artigo, muito anterior à segunda parte do livro já citado, está ultrapassado do ponto de vista marxista relativamente às teses do livro. Está nele explicitamente contida uma intenção de *revisão* do marxismo. Ver as respostas de P. Naville em *Les conditions de la liberté*, Sagittaire.
([33]) «Marxisme et philosophie», in *Sens et non-sens*, pp. 267 sq.

– o que é um absurdo –, mas simplesmente porque todo o seu sentido advém de uma experiência correspondente, na qual os valores «espirituais» não são representados, mas vividos e sentidos» (art. cit.). Thao atribui a fenomenologia o mérito de haver «legitimado o valor de todas as significações da existência humana», isto é, de ter ajudado a filosofia a esclarecer a autonomia das superstruturas. «Tentando compreender, num espírito de absoluta submissão ao «dado», o valor dos objectos «ideais», a fenomenologia soube ligá-los à sua raiz temporal, sem com isso os depreciar» (ibid., 173). E Thao mostra que a relação ao económico permite exactamente fundamentar com correcção o sentido e a verdade das *ideologias*, por exemplo, da fenomenologia – ou seja, compreender verdadeiramente a história, compreender como e, sobretudo, porque é que o esforço da burguesia no século XVI, por exemplo, assumiu a forma ideológica da Reforma, para se libertar do poder papal: afirmar que esta forma não passa de reflexo *ilusório* (ideológico) de interesses materiais, é recusar-se a compreender a história. Thao propõe-se explicar o movimento da Reforma como a *tradução racionalizada* da *experiência realmente vivida* das novas condições de vida introduzidas pelo próprio desenvolvimento da burguesia, condições caracterizadas sobretudo pela segurança que já não exigia, como resultava da insegurança dos séculos precedentes, o encerramento da espiritualidade nos claustros e permitia em compensação adorar *Deus no mundo*. Há, pois, possibilidade de no seio das análises marxistas introduzir análises fenomenológicas, relativas à consciência e exactamente susceptíveis de interpretar a relação dialéctica desta consciência, encarada como fonte das superstruturas, com a infra-estrutura económica em que, em última análise (e só em última análise), se acha inserida. Deste modo se encontra simultaneamente legitimada a possibilidade de um desenvolvimento dialéctico da história, cujo sentido é, simultaneamente, objectivo e subjectivo, isto é, necessário e contingente. Os homens não estão directamente ligados ao económico; estão ligados ao existencial, ou melhor, o económico é *já* existencial e a sua liberdade de consignação é por eles sentida como real. O problema revolucionário, segundo Thao, não consiste apenas em organizar e estabelecer uma economia nova, mas na realização pelo homem do próprio sentido do seu devir. É neste sentido, em seu entender, que a teoria de Marx não é um dogma, mas um guia para a acção.

Merleau-Ponty aborda o mesmo problema no aspecto concretamente político [34]. Recusar um sentido à história é, igualmente, recusar a sua verdade e a sua responsabilidade na política, é dar a entender que o Resistente não tem mais razão para matar que o Colaboracionista, é defender que *o fim justifica os meios*, segundo uma fórmula que teve sucesso, porque, então, o caminho para o fim, posto arbitrariamente por um projecto subjectivo e incontrolável, pode passar por um lugar qualquer e a felicidade e liberdade dos homens pelo nazismo e Auschwitz. A história mostra-

---

[34] Ver em especial *Humanisme et terreur*, Gallimard, 1946; e duas passagens da *Phéno. perc.*, nota acerca do materialismo histórico, pp. 195-202, «liberté et histoire», pp. 505-513.

-nos que não é nada disso. Não basta dizer que a violência é inevitável, porque o futuro está aberto e *por realizar*, é necessário dizer também que certa violência é mais *justificada* que outra. Não basta consentir que o político não pode deixar de ser um Maquiavel; é preciso mostrar, também, que a história tem as suas manhas e maquiaveliza eventualmente os Maquiavel. Se a história mostra, se a história engana, é porque visa algum objectivo e significa. Não a história em si mesma, que não passa de uma abstracção; mas há *uma significação média e estatística* dos projectos dos homens empenhados numa situação, que não se define só por estes projectos e pela sua resultante. O sentido de uma situação é o sentido que os homens atribuem a si mesmos e aos outros, numa fatia de duração chamada presente. O sentido de uma situação histórica é um problema de coexistência ou *Mitsein*. Existe uma história, porque os homens são conjunto, não como subjectividades moleculares e fechadas que se adicionassem, mas, pelo contrário, como seres projectados para o outro como para o instrumento da sua própria verdade. Existe, pois, um sentido da história, que é o sentido que os homens *quando vivos* atribuem à sua história. Deste modo se explica que numa base objectiva idêntica possam enxertar-se tomadas de consciência variáveis, o que Sartre designava como possibilidade de um *descolamento*: «nunca uma posição objectiva no circuito da produção foi suficiente para provocar a tomada de consciência de classe» (*Phéno. perc.*, 505). Não se passa automaticamente da infra-estrutura à superstrutura e há sempre equívoco de uma para outra. Mas então, se é verdade que os homens dão à sua história o seu sentido, donde retiram esse sentido? Atribuem-no por uma escolha transcendente? E quando imputamos a *Sinngebung* aos próprios homens, às suas liberdades, não fazemos uma vez mais *andar a história de cabeça para baixo*, não regressamos ao idealismo? Existe uma possibilidade ideológica de sair do dilema do *pensamento objectivo* e do idealismo? O *economismo* não pode explicar a história, não pode explicar como é que uma situação económica se *traduz* em racismo, ou em cepticismo, ou em social-democracia: também não pode explicar que a uma mesma posição no circuito que descreve possam ser correlativas posições políticas diferentes, nem que haja *tratados*, nem sequer que uma agitação política seja necessária. Neste sentido, a história é mesmo contingente. Mas o *idealismo*, que o afirma, também não pode explicar a história, não pode explicar que o *século das luzes* seja o século XVIII, ou que os Gregos tenham fundado a ciência experimental, ou que o fascismo seja uma ameaça do nosso tempo. Se se quiser compreender a história (e não há tarefa mais verdadeira para o filósofo), torna-se necessário sair do duplo impasse de uma liberdade e de uma necessidade igualmente totais. «A glória dos resistentes, como a indignidade dos colaboracionistas, supõe simultaneamente a contingência da história, sem a qual não há culpados em política, e a racionalidade da história, sem a qual há apenas loucos» (*Humanisme et terreur*, 44). «Damos à história o seu sentido, mas não sem que ela no-lo proponha» (*Phéno. perc.*, 513). Isso significa, não que a história tem *um* sentido, único, necessário e por isso fatal, do qual os homens seriam os joguetes e os patetas, como são, afinal, na filosofia hegeliana da história, mas que tem *sentido*. Essa significação colectiva é a resultante das significações projectadas por subjectividades históricas no meio da sua coexistência e que compete a estas subjectividades captar num acto de apropriação, que põe termo à alienação ou objectivação desse sentido e da história; constitui *por si mesma* uma modificação desse sentido e anuncia uma transformação da história. Não há um *objectivo*, por um lado, e um *subjectivo*, por outro, que lhe fosse heterogéneo e procurasse, no melhor dos casos, ajustar-se-lhe: desse modo nunca haverá uma compreensão total da história, porque, mesmo quando a compreensão é tão *adequada* quanto possível, compromete já a história numa nova via e abre-lhe um futuro. Não se pode captar a história, nem pelo objectivismo, nem pelo idealismo, nem, muito menos, ainda, pela união problemática dos dois, mas por um aprofundamento de um e de outro que nos conduza à própria existência dos sujeitos históricos no seu *mundo*, a partir da qual o objectivismo e o idealismo surgem como duas possibilidades, respectivamente inadequadas, para os sujeitos de se compreenderem na história. Esta compreensão existencial não é ela própria adequada, porque há sempre um futuro para os homens e os homens produzem o seu futuro produzindo-se a si próprios. A história, porque jamais terminada, ou seja, porque humana, não é um objecto determinável; mas, igualmente porque é humana, a história não é insensata. Assim se justifica, de maneira diferente, a tese husserliana de uma filosofia que nunca resolveu a questão de um *começo radical*([35]).

([35]) Vê-se ainda em *Les aventures de la dialectique* (Gallimard, 1955): «Hoje, como há cem anos e como há trinta e oito anos, continua a ser verdade que ninguém é sujeito e ninguém é livre sozinho, que as liberdades se contrariam e se exigem uma à outra, que a história é a história do seu debate, que se inscreve e que é visível nas instituições, nas civilizações, na esteira das grandes acções históricas, que há possibilidade de as compreender, de as situar, senão num sistema com uma hierarquia exacta e definitiva e na perspectiva de uma sociedade "verdadeira", homogénea, final, ao menos como diferentes episódios de uma única vida, cada um dos quais é uma experiência e pode passar aos seguintes...» (276). Mas desta vez o marxismo é atacado na sua tese fundamental, que é a possibilidade mesma do socialismo, a sociedade sem classes, a supressão do proletariado como classe pelo proletariado no poder e o fim do Estado: «Eis a verdadeira questão: a revolução é um caso limite do governo ou o fim do governo?» Ao que Merleau-Ponty responde: «Concebe-se no segundo sentido e pratica-se no primeiro... As revoluções são verdadeiras como movimentos e falsas como regimes» (290 e 279). Não cabe realizar aqui a descrição crítica do livro. Notemos apenas que exprime a incompatibilidade absoluta das teses fenomenológicas com a concepção marxista da história. Em particular a rejeição por Merleau-Ponty da possibilidade efectiva de uma realização do socialismo não pode surpreender, se tornámos em consideração que, ao recusar qualquer referência à *objectividade* das relações de produção e das suas modificações, os fenomenólogos deviam insensivelmente tratar a história e a luta de classes como devir e contradição somente das *consciências*.

Conclusão

I. Para a fenomenologia, a discussão acerca do sentido histórico da fenomenologia pode continuar-se indefinidamente, pois tal sentido não é determinável uma vez por todas. Apresentando uma história ambígua, a fenomenologia apresenta a sua própria ambiguidade na história. O marxismo, ao contrário, mostra que a pretensa ambiguidade da história traduz, na realidade, a ambiguidade da fenomenologia. Incapaz de se juntar ao materialismo do proletariado revolucionário ou ao idealismo do imperialismo barbarizante, pretende abrir uma *terceira via* e faz objectivamente o jogo das suas burguesias, mesmo que, subjectivamente, a honestidade de alguns dos seus pensadores não possa ser posta em dúvida. Não é por acaso que a sua ala direita adere ao fascismo e a sua *esquerda* se contradiz irrisoriamente ([36]). A filosofia da história, prematuramente edificada por Husserl na *Krisis*, não podia aguentar-se.

([36]) Ver sobre Heidegger, Thévenaz, «Qu'est-ce que la Phéno.?», II, *Revue de théo. et de philo.*, Lausanne, 1951; J. M. Palmier, *Les écrits politiques de Heidegger*, l'Herne, 1968. E, por outro lado, os artigos de Sartre, «Matérialisme et révolution» (escritos em 1946) in *Situations III*; «Les communistes et la paix», *Temps modernes*, Julho-Outubro de

II. Mas pode servir para revelar uma verdade da Fenomenologia. Porque é certo que a ambiguidade das teses fenomenológicas traduz, por sua vez, a intenção de superar a alternativa do objectivismo e do subjectivismo; essa intenção *realizou-se* sucessivamente em Husserl nas noções de *essência*, de *ego transcendental* e de *Leben*. Tais conceitos têm isto em comum: são *neutros*, servem para delimitar o *terreno* onde se alimenta o sentido da vida. Através das ciências humanas, vimos especificá-los sucessivamente em corpo, *Mitsein*, historicidade. Pretendia-se, com tais conceitos, não construir um *sistema*, mas reconstruir, em novas bases, as infra-estruturas de todo o pensamento, incluindo o pensamento sistemático. Ora, a questão reside em saber se as infra-estruturas, as *próprias coisas*, são susceptíveis de ser desvendadas *originariamente*, independentemente de toda a sedimentação histórica. Não entendemos por originalidade um hipotético *em si*, excluído da finalidade intencional: a fenomenologia parte do fenómeno. Mas «a fenomenalidade do fenómeno nunca é, ela mesma, um dado fenomenal», escreve muito bem E. Fink ([37]).

Não há, em suma, uma decisão fenomenológica de se postar num observatório onde «o aparecer do ente não é uma coisa que ela própria aparece» (ibid.)? E a fenomenologia reconhece-se incapaz de se dar conta, fenomenologicamente, desta decisão de identificar ser e fenómeno. Seria necessário «fundamentar o direito de fazer da fenome-

---

1952. Ler-se-á igualmente com proveito a consternante «Réponse à Lefort», bem como o artigo deste, *T.M.*, Abril de 1953; a resposta de Chaulieu a Sartre in *Socialisme ou barbarie*, n.º 12, Agosto-Setembro de 1953; e a resposta de Lefort, *T.M.*, Julho de 1954.

([37]) «L'Analyse intentionnelle et le problème de la pensée spéculative», in *Problèmes actuelles de la phénoménologie*, Desclée, 1952, p. 71.

nologia» ([38]). Mas fundamentar tal direito é voltar ao *pensamento especulativo* tradicional, à sistematização filosófica. Justificar a análise intencional é sair dela e recorrer ao sistema. Fink vai mais longe que Wahl: mostra que, quer queira quer não, tal recurso existe implicitamente no pensamento de Husserl: «interpretação da «própria coisa» como fenómeno, postulado de um recomeço radical, tese da posterioridade do conceito, fé no «método», indeterminação sobre o que é uma «constituição», carácter vago do conceito de *Leben*, mesmo antes de qualquer procedimento analítico, e, mais exactamente, afirmação da prioridade dos modos originários», tudo isso esconde os elementos especulativos herdados da filosofia moderna e, mais concretamente, da revolução cartesiana do *cogito*. A *Krisis*, que explicitamente situava a fenomenologia nesta herança, constituía, pois, uma confissão, pelo que não nos devemos surpreender por romper com a análise intencional e inaugurar um *sistema especulativo* da história (aliás extremamente medíocre).

III. Se bem nos recordarmos, fizemos já com que Hegel respondesse à pretensão de originalidade de Husserl: a crítica de Fink sugere já essa resposta. E a crítica marxista completa-a. O que está aqui em causa, como muito bem viu Thao, é o problema da *matéria*. O *Leben*, como terreno do sentido da vida, só será despojado da sua ambiguidade e do risco subjectivista, se for identificado com a matéria. Mas tal passo não pôde ser dado pela fenomenologia, pois significaria o abandono da análise intencional (do *ego cogito*) e a passagem à filosofia especulativa. Na realidade, a análise intencional e a *evidência* do *cogito* não são menos

---

([38]) Wahl, «Conclusions», *ibid.*

elementos da filosofia especulativa. Contra este método intuitivo e seu postulado, afirma a lógica dialéctica a sua adequação ao real, afirmando-se como emanação do real. A fenomenologia pressentiu essa verdade, quando definiu a verdade como movimento, génese, renovação. Mas ainda aqui se ficou no equívoco, não porque tal movimento fosse em si próprio equívoco, como a fenomenologia pretende, mas porque se recusou a restituir-lhe a realidade material. Ao manter a fonte do sentido a meio-caminho do objectivo e do subjectivo, não viu que o objectivo (e não o existencial) contém já o subjectivo, como negação e como superação, e que a matéria é, ela própria, sentido. Longe de as ultrapassar, a fenomenologia está, portanto, muito recuada relativamente às filosofias hegeliana e marxista. Esta regressão explica-se historicamente.

IV. Acentuámos no início que a noção de antepredicativo, de pré-reflexivo podia ser aprofundada, tanto contra a ciência, como para a estabelecer: é aqui que as duas correntes da fenomenologia se separam. Tal dualidade é particularmente manifesta no tratamento das ciências humanas. Ora, é claro que a fecundidade da fenomenologia não se encontra do lado daqueles que tomam para si os argumentos insípidos e irrisórios da teologia e da filosofia espiritualista, contra a investigação científica do homem. A riqueza da fenomenologia, o seu *lado positivo*, é o esforço para captar o próprio homem sob os esquemas objectivistas de que ciência antropológica não pode deixar de o revestir e é, evidentemente, nesta base que importa discutir com a fenomenologia. O reexame compreensivo dos dados neuro e psicopatológicos, etnológicos e sociológicos, linguísticos (de que não pudemos aqui falar), históricos, etc., na medida em que não se trata nem de grosseiro obscurantismo, nem de eclectismo sem solidez teórica, responde bastante

CONCLUSÃO

bem às exigências de uma filosofia concreta. E se Merleau-Ponty faz sua ([39]) a célebre fórmula de Marx: «Só podeis suprimir a filosofia, realizando-a», é porque a fenomenologia lhe parece significar exactamente uma filosofia *feita real*, uma filosofia suprimida como existência separada ([40]).

([39]) «Marxisme et philosophie», in *Sens et non-sens*, pp. 267 sq.

([40]) Sabe-se que Marx subordinava essa supressão da filosofia à supressão do pensador parcelar e esta, por fim, à constituição da sociedade sem classes.

Bibliografia Sumária

I

AAVV, «Problèmes actuels de la phénoménologie» (Colloque 1951), Desclée de Brouwer, 1952.
— *Phénoménologie. Existence,* Colin, 1953.
— Husserl, *Études philosophiques,* I, 1954.
— *Husserl et la pensée moderne* (Colloque 1956), Nijhoff, 1959.
— *Husserl* (Colloque 1957), Minuit, 1959.
— *Edmund Husserl,* Nijhoff, 1959.
— *Edmund Husserl, Rev. philo.*, 4, 1959.
AAVV, Merleau-Ponty, *Temps Modernes,* 184-185, 1961.
— *Symposium sobre la noción husserliana de la Lebenswelt,* Cidade do México, 1963.
— Husserl, *Revue intern. de Philosophie,* 1965.
— Husserl, *Aut, aut,* 1968.
HUSSERL – Bibliografias gerais, in *Rev. Intern. de Philo.*, Janeiro de 1939; in THÉVENAZ, abaixo; in *La philosophie comme science rigoureuse,* P.U.F., 1955; in LAUER, abaixo; e sobretudo in FORNI, *Fenomenologia,* Milão, 1973.
— *Husserliana*: t. 1. *Cartesianische Meditationen...*; 2. *Die Idee der Phaenomenologie...*; 3. *Ideen zu einer reinen Phaenomenologie...*, I; 4. *Ideen...,* II (zur Konstitution); 5. *Ideen...,* III

(Wissenschaften); 6. *Die Krisis...*; 7. *Erste Philosophie* (1923-1924), I (Kritische Ideengeschichte); 8. *Erste Philosophie* (1923-1924), II (Reduktion); 9. *Phaenomenologische Psychologie* (1925); 10. *Zur Phaenomenologie des inneren Zeitbewusztsein* (1893-1917); 11. *Analysen zur passiven Synthesis* (1918-1926); 12. *Philosophie der Arithmetik*.

— Traduções francesas: *Méditations cartésiennes*, Vrin, 1947; «La crise des sciences européennes», *Les études philo.*, 1949; «La philosophie comme prise de conscience de l'humanité», *Deucalion*, 1950; *Idées directrices*, Gallimard, 1950; «La crise de l'humanité européenne», *Rev. Méta. Mor.*, 1950; *La philosophie comme science rigoureuse*, P.U.F., 1955; *Logique formelle et logique transcendantale*, P.U.F., 1957; Postface aux *Idées*, *R.M.M.*, 1957; «Qu'est-ce que la phénoménologie?», *Tableau de la philosophie contemporaine*, Fischbacher, 1957; Deux testes..., *Rev. philo.*, 1959; *Recherches logiques*, I, II, III, P.U.F., 1959, 1961, 1963; *L'Origine de la géométrie*, P.U.F., 1962; *Leçons pour une phénoménologie de la conscience intime du temps*, P.U.F., 1964; *Expérience et jugement*, P.U.F., 1970; *L'Idée de la phénoménologie*, P.U.F., 1970; *Philosophie première* (1923-24) I e II, P.U.F., 1970; *Articles sur la logique* (1891-1904), P.U.F., 1975.

II

BACHELARD, *La logique de Husserl*, P.U.F., 1957.
BERGER, *Le cogito dans la philosophie de Husserl*, Aubier, 1941.
DERRIDA, *La voix et le phénomène*, P.U.F., 1962.
— Introduction à *L'Origine de la géométrie*, P.U.F., 1962.
DESANTI, *Phénoménologie et praxis*, Éditions sociales, 1963.
DUFRENNE, *Phénoménologie de l'expérience esthétique*, P.U.F., 1953.
FORNI, *Il soggetto e la storia*, Bolonha, 1972.
GOLDSTEIN, *La structure de l'organisme*, Gallimard, 1951.
HEIDEGGER, *Qu'est-ce que Ia méthaphysique?*, Gallimard, 1951.
— *Kant et le problème de la méthaphysique*, Gallimard, 1953.
— *L'être et le temps*, I, Gallimard, 1964.
KELKEL e SCHÉRER, *Husserl*, P.U.F., 1964.

BIBLIOGRAFIA SUMÁRIA

LAUER, *Phénoménologie de Husserl*, P.U.F., 1955.
LEVINAS, *Théorie de l'intuition dans la phéno. de Husserl*, Alcan, 1930.
— *En découvrant l'existence avec Husserl et Heidegger*, Vrin. 1949.
LUKACS, *Existentialisme ou marxisme*, Nagel, 1948.
MERLEAU-PONTY, *Phénoménologie de la perception*, Gallimard, 1945.
— *Humanisme et terreur*, Gallimard, 1947.
— *Sens et non-sens*, Nagel, 1950.
— Curso na Sorbonne, *Bulletin de psychologie*, Novembro de 1964.
— *Les aventures de la dialectique*, Gallimard, 1955.
— *Signes*, Gallimard, 1960.
POS, «Phénoménologie et linguistique», *Rev. inter. de Philo.*, 1939.
RICOEUR, «Husserl et le sens de l'histoire», *R.M.M.*, 1949.
— «Analyses et problèmes dans *Ideen II*, de Husserl», *R.M.M.*, 1951-1952.
— «Sur la phénoménologie», *Esprit*, Dez. de 1953.
— «Explication et commentaire des *Ideen I*», *Cahiers de philosophie*, Grupo de Estudos de Filosofia da Sorbonne.
SARTRE, *La transcendance de l'ego*, Vrin, 1965.
— *Esquisse d'une théorie des émotions*, Hermann, 1939.
— *L'Imaginaire*, Gallimard, 1940.
— *L'être et le néant*, Gallimard, 1943.
SCHÉRER, *La phénoménologie des «Recherches logiques» de Husserl*, P.U.F., 1968.
STRASSER, *Phénom, et sciences humaines*, Paris-Lovaina, 1967.
THÉVENAZ, *De Husserl à Merleau-Ponty*, Neuchâtel, 1966.
TRAN-DUC-THAO, «Marxisme et phénoménologie», *Rev. intern.*, 2, 1946.
— *Phénoménologie et matérialisme dialectique*, Minh-Tan, 1951.
WAELHENS, *Phénoménologie et vérité*, P.U.F., 1953.
WAHL, «Notes sur la première partie de *Erfahrung und Urteil*», *Rev. Méta. Mor.*, 1952.
— «Notes sur quelques aspects empiristes de la pensée de Husserl», *Rev. Méta. Morale*, 1952.
— *Husserl*, curso, C.D.U., 1956-1962.

Índice

INTRODUÇÃO 7

PRIMEIRA PARTE: HUSSERL 13
I. *A eidética* 15
   1. O cepticismo psicológico 15
   2. As essências 17
   3. A ciência eidética 20
II. *O transcendental* 23
   1. A problemática do sujeito 23
   2. A redução 25
   3. O Eu puro 28
   4. Eu puro, Eu psicológico, sujeito kantiano 33
   5. A intencionalidade 37
III. O «*Mundo da Vida*» 41
   1. O idealismo transcendental e suas contradições 41
   2. A *Lebenswelt* 46
   Nota sobre Husserl e Hegel 50

SEGUNDA PARTE: FENOMENOLOGIA
E CIÊNCIAS HUMANAS 57
I. *Posição do problema* 59
II. *Fenomenologia e Psicologia* 65
  1. A introspecção 65
  2. A reflexão 67
  3. Intencionalidade e comportamento 68
  4. A psicologia da forma 71
  5. O problema do corpo 77
  6. Fenomenologia e fisiologia 80
  7. Fenomenologia e psicanálise 84
III. *Fenomenologia e Sociologia* 89
  1. A explicação 89
  2. A compreensão 91
  3. O social originário 96
  4. Fenomenologia e Sociologia 101
  5. Indivíduo e sociedade; o problema etnológico 103
IV. *Fenomenologia e História* 109
  1. O histórico 109
  2. A historicidade 113
  3. A filosofia da história 116
  4. Ciência histórica e historicidade 121
  5. Fenomenologia e marxismo 125
    a) A terceira via 125
    b) O sentido da história 130

CONCLUSÃO 139

BIBLIOGRAFIA SUMÁRIA 145

O SABER DA FILOSOFIA

1. *A Epistemologia*, Gaston Bachelard
2. *Ideologia e Racionalidade nas Ciências da Vida*, Georges Canguilhem
3. *A Filosofia Crítica de Kant*, Gilles Deleuze
4. *O Novo Espírito Científico*, Gaston Bachelard
5. *A Filosofia Chinesa*, Max Kaltenmark
6. *A Filosofia da Matemática*, Ambrogio Giacomo Manno
7. *Prolegómenos a Toda a Metafísica Futura*, Immanuel Kant
8. *Rousseau e Marx (A Liberdade Igualitária)*, Galvanno Della Volpe
9. *Breve História do Ateísmo Ocidental*, James Thrower
10. *Filosofia da Física*, Mario Bunge
11. *A Tradição Intelectual do Ocidente*, Jacob Bronowski e Bruce Mazlish
12. *Lógica como Ciência Histórica*, Galvano Della Volpe
13. *História da Lógica*, Robert Blanché e Jacques Dubucs
14. *A Razão*, Gilles-Gaston Granger
15. *Hermenêutica*, Richard E. Palmer
16. *A Filosofia Antiga*, Emanuele Severino
17. *A Filosofia Moderna*, Emanuele Severino
18. *A Filosofia Contemporânea*, Emanuele Severino
19. *Exposição e Interpretação da Filosofia Teórica de Kant*, Felix Grayeff
20. *Teorias da Linguagem, Teorias da Aprendizagem*, Jean Piaget e Noam Chomski
21. *A Revolução na Ciência (1500-1750)*, A. Rupert Hall
22. *Introdução à Filosofia da História de Hegel*, Jean Hyppolite
23. *As Filosofias da Ciência*, Rom Harré
24. *Einstein: Uma Leitura de Galileu e Newton*, Françoise Balibar
25. *As Razões da Ciência*, Ludovico Geymonat e Giulio Giorello
26. *A Filosofia de Descartes*, John Cottingham
27. *Introdução a Heidegger*, Gianni Vattimo
28. *Hermenêutica e Sociologia do Conhecimento*, Susan J. Hekman
29. *Epistemologia Contemporânea*, Jonathan Daney
30. *Hermenêutica Contemporânea*, Josef Bleicher
31. *Crítica da Razão Científica*, Kurt Hübner
32. *As Políticas da Razão*, Isabelle Stengers
33. *O Nascimento da Filosofia*, Giorgio Colli
34. *Filosofia da Religião*, Richard Schaeffler